土地活用の教科書

不動産実務シリーズ 8

谷崎憲一の

その土地活用ちょっと待った！ 改訂版

著 谷崎 憲一

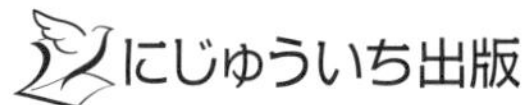

まえがき
土地活用とは何か

豊かな人生を歩むために、大きな借り入れをして土地活用をしたにもかかわらず、予定通りにいかず、結果的に失敗してしまうことがあります。

人は失敗の繰り返しで成長していくものですが、土地活用の失敗によるダメージは大きく、オーナーさんの老後どころか、次世代にまで苦労が及ぶことにもなりかねません。

土地活用は、立地条件や土地の形状によって、賃貸住宅や貸事務所、貸店舗、ロードサイドからコインパーキングなど、様々な方法があります。

用途が決まらずに遊休地のまま固定資産税の負担が重たい土地や自宅の土地も、やりよう次第で健全な収入をもたらす優良資産に変えることができます。

しかし、土地活用には、たくさんの落とし穴があります。

甘い言葉で地主さんに土地活用の誘いをかける人たちの中には、地主さんの人生設計などどうでもよくて、ただ自分たちのノルマ達成やコミッションの伴う営業成績が目的である者も少なくありません。

本書では土地活用の中でも最もスタンダードな賃貸住宅を中心に、その注意点とポイントについてお話ししたいと思います。

私は社会人としてのキャリアを、デベロッパー、ゼネコン、そして土地活用コンサルタントとして土地活用の世界で35年ほど歩んでまいりました。

その一方で、公益社団法人東京共同住宅協会という公的団体の相談指導部において、25年以上にわたって空室や家賃滞納、土地活用の方法など、地主さん、家主さんのお悩み相談を受けてまいりました。

相談を受けたとき、その解決にあたっては相談者側の立場になって考えるよう心がけてきました。それは私自身も大家であり25年以上にわたり賃貸経営を続けてきたということもあります。私にとっての土地活用は、ビジネスとしての土地活用と公益法人の相談員としてのパブリックな相談業務、そして私自身が土地活用を実践してきたことという、3つのキャリアの柱があるわけです。

このように、私はこれまで多くの土地活用の実例を見てきましたが、土地という資産をうまく活用して、お金の心配のないハッピーな人生を送っている方がいる一方で、勧められるがまま安易な土地活用に踏み込んでしまい人生を台無しにしてしまった人も少なからずいらっしゃるのが実情です。

賃貸経営の典型的なビジネスモデルは、銀行から融資を受けて、手持ちの土地に賃貸マンションやアパートを建て、そこからもたらされる家賃収入で融資を返済しつつ、残ったキャッシュフローを生活の糧にあてるというものです。

都市近郊で多少まとまった土地をお持ちの方なら、サラリーマンであっても主婦やご年配の方でも実現可能な事業です。

百戦錬磨の業者さんから話を聞いたときには、これまで税金を払うばかりだった土地から手品のようにキャッシュが生まれ、バラ色の未来が待っているように思ってしまいがちです。が、ちょっと待ってください。

どのような事業にも落とし穴があります。どのようなビジネスも、もちろん成功すればお金持ちになれますが、失敗すれば逆に大変な苦労を背負うことになるのです。

引く手あまたであった住宅難の時代は遠い過去となり、現代の賃貸経営は少子高齢化と過当競争によってかじ取りが難しくなっております。そのためオーナーさんは、昔ながらの大家的発想から、事業家としての発想への転換が求められます。賃貸経営はサービス業でありお客様である入居者やテナントに人気の出る物件づくりに真剣に取り組まない限り、失敗が待っています。

２０１３（平成25）年ごろから金融緩和や外資の積極流入などにより、不動産市況は活発になりました。長い好景気により２０１９（令和元）年に市況はピークとなりましたが、それ以降は停滞から下降へと向かっております。そして、世界的な新型コロナウイルスの流行により、社会も大きく変わりました。ヒト・モノ・カネの動きや入居者ニーズにまで影響が及んでおります。

土地活用は初期投資の割合が非常に大きい事業です。アパート一棟建てるには数千万から億単位の資金が必要で、その大半を融資に頼る場合が多く、全額返済までには順調にいっても20年、30年かかります。

初期投資が大きいということは、最初に失敗してしまうとリカバリーが難しいということです。

これが例えば飲食店であれば、仕入れや人件費、家賃などランニングコストの負担は大きいのですが、初期費用は土地活用ほどかかりません。商売がうまくいかなくても、途中でインテリアやメニューを変えたり、サービス券を配ったりと、様々なリカバリーの手段があります。それでも経営が厳しければ、傷が浅いうちに撤収することもできます。

しかし賃貸経営の場合、一度建物を建ててしまえば、その建物と一生付き合わなくてはなりません。失敗したから建て直すなんてことはできないのです。

20年から30年のローンが終わらない限り、途中で「やめた」と逃げ出すこともできません。甘い気持ちで始めて失敗すれば、前にも進めず後にも引けない、絶体絶命の状況に追い込まれてしまうのです。

賃貸経営は、本当に最初が肝心な事業です。

初版から9年、時代も変わりましたので、詳細を検証し新しい時代に合った改訂版を出させていただきました。

皆様の土地活用の成功を心よりお祈り申し上げます。

2020(令和2)年11月10日

公益社団法人東京共同住宅協会　名誉会長
公益社団法人全国賃貸住宅経営者協会連合会　専務理事　谷崎　憲一

※本文中に登場する多くの事例は、個人情報に配慮して実際とは設定を若干変更した上でご紹介しています。

もくじ

第一章　マーケティングと土地活用のイロハ

第一節　マーケティングで失敗しないために！

【事例】
マーケティングの失敗による、空室で悩むマンションを抱え込んでしまった事例

●ケース1　ターゲットを見誤った賃貸マンション

都心部の中でも特におしゃれとされる地域で、地下鉄の駅から徒歩2分という最高の立地に、空室に悩んでいる高級マンションがありました。鉄筋コンクリート造10階建ての高層マンションです。

家賃は1部屋が28万円台ですが、オーナーさんが私たちに相談に来られた築4年の段階で、全18室のうち5部屋も空いたままになっていました。合わせて月に約１５０万円の空き家による減収です。これでは事業計画も返済計画も全て狂ってしまい、オーナーさんの生活費も出ま

せん。いったい何がいけなかったのでしょうか。

こちらのオーナーさんは、日本でもっともおしゃれな地域ということもあって、建築雑誌に出てくるような有名な建築家に設計を依頼し、ありきたりのマンションとは一味違うデザイナーズ・マンションを建てようと考えました。有名建築家による設計は斬新ではあったものの、主寝室を通らないとお風呂に入れないような、いささか使いにくいものでした。「入居者の使い勝手より、設計者が雑誌に載せたかったのでは」と思うような間取りと設備仕様でしたが、それ自体は決定的な問題ではありません。

問題は1戸の広さです。1フロアを2戸に振り分け、どちらも50㎡ほどの1LDKと2LDKとしたのですが、この地域では単身者向けには広すぎ、ファミリー向けには狭すぎる、中途半端な面積となっていたのです。

この周辺地域の賃貸ニーズの中心は単身者ですが、1部屋の面積が単身者向けとしては広い上に、1坪あたりの賃料の設定も約1万7000円と高額だったために、単身者向けとしては家賃が高くなりすぎていました。単身者向けには高すぎ、広すぎる一方で、ファミリー向けとしては面積が小さすぎます。裕福な家族は狭い物件には入りたがりませんし、賃貸よりも分譲マンションを志向します。狭くてもいいという家族は高い家賃は払えません。その結果、入居者がつかなくなってしまったのです。家賃や広さは地域のニーズに合わせて決めなくてはなりません。

この物件では立地の良さに甘えて事前の市場調査をしっかり行わなかった結果、ターゲットが曖昧になり、間取りと家賃設定を誤ってしまい、結果として日本でも最高の立地にありながら、賃貸経営に苦しむことになったのでした。この場合は、賃料を再査定し建物や外構の雰囲気作りや入居者キャンペーンや募集方法の見直しなど、コストを大きくかけない再構築にまい進し3カ月で満室に持っていくことで乗り切りましたが、立地条件がいい場合でもそれに驕らずマーケティングをしっかりすることが重要であるという事例です。

●ケース2　狭小マンション

新宿に近い都内のある場所では、新築の単身者向けマンションが苦戦していました。ここは場所柄、若い人に人気のある地域です。こちらのオーナーさんは所有していた30坪ほどの台形の土地に、鉄筋コンクリート4階建ての、単身者を狙った賃貸マンションを建てたのです。

この地域は単身者向けのニーズが強いので、単身者向けの物件としたことは間違いではありません。ところが、1戸の面積が小さすぎました。狭い敷地で少しでも戸数を多くしようとしたようで、本来なら1フロアあたり3戸がいい面積のところに、無理やり4戸つくって、合計14戸としていました。1戸あたりの面積はわずか17㎡ほど。

昔は一般的だったトイレと一体になったユニットバスは、最近は不人気のためバス、トイレは別々にとっていますが、そのぶん住居スペースは更に狭くなっています。建物全体としても、少しでも節約しようとしたのでしょう、エレベーターはなく、エントランスもかわいそうなぐらい狭くなっています。これで月7万円という家賃設定です。

単身者といってもこのあたりは「狭くても安ければいい」という人が集まる地域ではないので、20㎡以下の狭小物件へのニーズはそれほど多くありません。しかも周辺には、昭和の終わりから平成の初期にかけて建てられた、やはり20㎡以下の単身者向けワンルームの物件が多数ありました。それらは築30年を経て値崩れを起こしており、安い値段で大量に市場に供給されています。

こちらのオーナーさんの物件は、そうした安い物件がひしめいているゾーンに、新築で月の家賃7万円という物件をぶつけたわけです。これでは苦戦は免れません。

本来であれば事前に市場調査を行って、安値競争になっているゾーンは避けるべきでした。しかしきちんと市場調査をしないまま、無理に戸数を稼ごうとして、わざわざ自分から古くて安い物件と競合するような間取りプランにしてしまったのです。

市場の需給関係を読み間違ったケースといえます。こちらもマーケティングの失敗です。解決手段として徹底的に周辺の競合物件を洗い出し、優位なところやPRポイントを募集図面にきれいに表現し、地元不動産会社及び沿線不動産会社をくまなく営業回りをして、学生応援キャンペーンを張ったり、寂しかったエントランスに可愛らしいオブジェを飾ったりと様々な知恵と工夫により2カ月で満室に持って行きました。

1．マーケティングの重要性

土地活用におけるマーケティングは「ニーズに応じてどのように活かすのか」、そしてその前に、そもそも「活用すべきなのか」を考えることから始まります。土地の立地条件、間口や形状、街の特性、さらに法令上の制限などにより、考えられる土地活用方法も変わってきます。市場調査によって地域ニーズを確認しながら、賃貸住宅系がいいのか、違う活用方法がいいのか、あるいは活用しない方がいいのかを考えていくのです。お金をかけて立派なアパートを建てても資金回収が難しい土地もあるし、そもそもアパート経営を勧められない土地もあります。

まず、法令上の制限を確認しなくてはなりません。都市計画区域内の土地にはそれぞれ用途地域が設定されていて、建築できる建物に制限があります。「建蔽率」「容積率」により建てられる建物の大きさが決まってきますが、この制限も用途地域を元に決められているのです。10階建ての中高層マンションや事業用ビルを望んでも、法令上建てられない場合や診療所や公共施設しか建てられない市街化調整区域という土地もあるのです。

どのような活用方法に適している土地かを考えるに際しても、一部に誤解があります。賃貸経営に適した土地と判断して、地主さんにアパート経営をお勧めすると、「うちの土地の周りはもうアパートだらけなので、更に建ててもいいんですか」とよく聞かれます。周り中が賃貸住宅で競争が激しいので利益が出ないと、地主さんは懸念されているのです。確かに競争はありますが、アパートが多いということは賃貸経営が盛んな地域で、しっかりとニーズがある土地でもあるということなのです。

大きな道路沿いに、ファミリーレストランや回転寿司などの飲食店が所狭しと並んでいる場所は競争が激しくて、新規参入に向いていないかというとその逆です。むしろ、多くの飲食店が密集している一帯なので、それを目当てにお客様も周辺から集まってくるのと同様です。同じ業種が集まることで、新しいニーズとマーケットが生まれてくるのです。

賃貸経営も、「周りにあるのは田んぼだけ」という土地が、競争相手が少なくて賃貸経営に向いているはずもなく、アパートのニーズが全くないというのが実状です。周辺環境から、そうした地域のニーズを見極めなくてはいけません。それがマーケティングです。

2. 事業性の確認

たとえ、飛び込みでやってきた建築業者から、「賃貸経営に適した土地です」と言われても、それをそのまま信じてはいけません。既に賃貸アパート・マンション経営を行っている方の約80％は、人から勧められて始めたと言われています。自ら進んで土地の有効活用を計画したというよりも、ハウスメーカーや建築会社、不動産会社、銀行などに勧められて建てているケースが大半なのです。

アパートやマンションを仕事として建てさせたがっている人たちは大勢います。建築の受注や、賃貸管理の仕事につながったり、資金を融資できたりする人たちです。その人たちから、建てたくなるような期待感一杯の事業収支計画を示され、客観的な検証をしないまま工事の契約をし、着工となってしまうケースが非常に多く見られます。

土地の有効活用に踏み込む前に、自分自身で事業性に確信が持てるまでマーケティングをしなくてはなりません。周りが建てさせたがっている人たちばかりである限り、流れに任せていては建てる方向に突き進むことになります。意識していったん立ち止まり、建てるべきか建てるべきでないかを、しっかりと考えることです。立地条件、将来性、近隣動向、次世代へのバトンタッチ、事業採算などについて間違いはないかなど、検証すべき項目はたくさんあります。土地の有効活用を始めるためには、石橋を叩く慎重さが必要です。

建物は、一般的な木造でも25年以上、堅固な鉄筋コンクリートであれば最低でも40年以上は保ちます。事前のマーケティングをおろそかにして、希望的予測で賃貸経営に乗り出してしまい、空室に悩まされ続け、失敗物件の対策に苦しみながら残りの人生を歩み続けることにもなりかねません。賃貸経営は好むと好まざるとにかかわらず、オーナーさんにとって一生の問題なのです。また、次世代にその苦しみを引き継がせるかもしれない、息の長い事業です。

3．ターゲットの見極め、絞り込み

自分の持つ土地で、賃貸経営が十分見込めると納得できても、マーケティングは終わりではありません。次に考えるべきなのが、ターゲットの絞り込みです。経営に苦しむ原因として多いのが、ターゲットの読み違いです。単身者のニーズが高く、立地条件からも単身者用の間取りにすべき地域なのに、ファミリータイプの間取りにしてしまったようなケースです。

例えば、大学が集まっている学園都市に所有している小規模土地に、ファミリー向けの４ＬＤＫの高級賃貸マンションを計画するのは間違いです。わざわざ、人口比率の高い単身学生をターゲットから外してしまうことになります。仕送りやアルバイト生活をしている学生向けには、ワンルームや１Ｋ、１ＤＫなどのニーズに見合った間取りと賃料でのプランニングが必要になってきます。

ターゲットを絞り込むには、まず地域の世帯ニーズを把握しなくてはなりません。闇雲に、自分の思い込みやイメージだけで進めると失敗します。地域ニーズを見極める上で役立つのは、その土地の住民構成と傾向です。地域に住む人の年齢構成や世帯構成、性別割合が分かると、単身者が多いのかファミリーが多いのか、学生が多いのかサラリーマンが多いのか見当がつき、ターゲットを絞ることができます。

世帯別の人口動態資料は、多くの自治体で整理して閲覧できるようになっています。地域によっては、過去何年間で世代別にどれぐらい人口が増減しているかのデータも整理しています。20〜25歳とか、40〜50歳という世代区分で年度ごとの人口転出入・増減が統計データになっていて、グラフ化することで世代・性別での増減が一目瞭然となります。民間のリサーチ会社なども、独自に調査した地域のデータをつくっています。こちらは自治体の資料に比べると費用がかかりますが、それでも10万円前後で入手できます。

次の表・グラフは、東京都渋谷区が毎年1月1日現在で発表している「町丁目別年齢別人口」データを元に、区内某町1丁目の年齢別人口動態を調査し、その中から20〜29歳代を抜き出して表作成しグラフ化したものです。

この町では男性より女性に人気が高い特徴がありますが、ここ数年は全体的にやや敬遠気味の傾向があり、若年人口は減少気味でした。ところが、２０１４（平成26）年

資料１－１「東京都渋谷区某町１丁目の20〜29歳の人口動態」

西暦	男性	女性
2011年	389	492
2012年	390	492
2013年	392	488
2014年	385	469
2015年	371	466
2016年	419	496
2017年	398	539
2018年	388	505
2019年	386	492
2020年	417	491

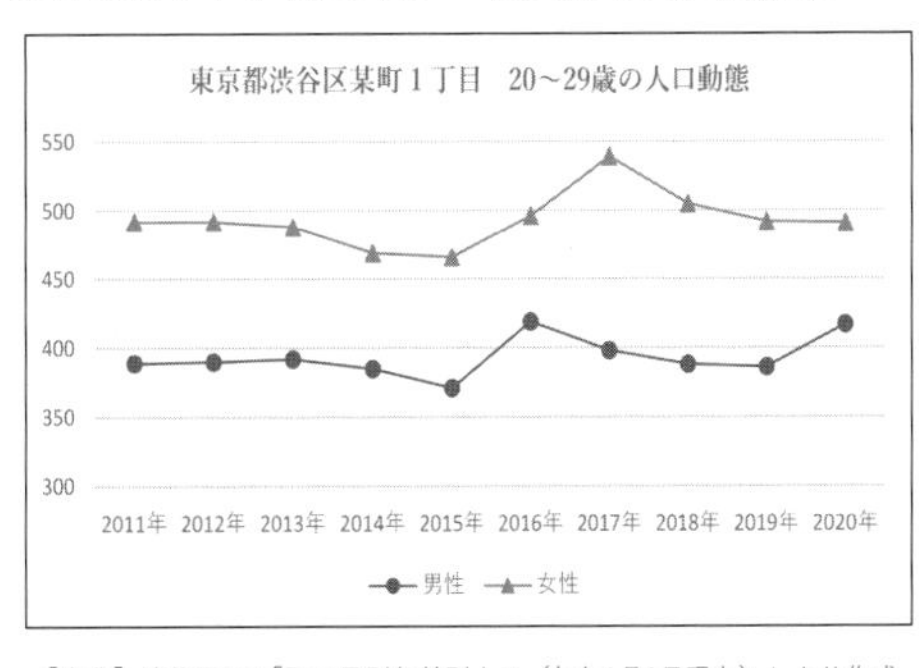

【出典】渋谷区HP「町丁目別年齢別人口（毎年1月1日現在）」より作成

に若者向けの人気スポットができたため、２０１６（平成28）年に若年人口が増加しました。その増加率は、女性が６・４％なのに対し、男性が12・９％と大きく増加しており、今後は若年男性の増加も見込めるということが、この調査・分析から読み取れるのです。このように若者が増えている地域は、おしゃれな店や人気のスポットが生まれたりして、街が活性化してきているとみてよいでしょう。すると、ハイセンスな雰囲気を好む単身者向けの賃貸マンションが有望だ、ということが見えてくる訳です。

若者に人気のあるスポットが多い、例えば東京の吉祥寺、自由が丘、下北沢、関西の西宮や三宮といった地域では、ある程度の家賃を出せる単身者やＤＩＮＫＳ（子供のいない共働き夫婦）のニーズが高くなります。多少高めの家賃設定であっても、おしゃれな物件が求められるわけです。

反対に都市部でも地域によっては、おしゃれ度よりも賃料が手頃であることが求められる場合もあります。その場合は、家賃優先の人たちをターゲットにしなくてはなりません。地域のニーズとは別に、その土地の周囲の環境を調査することをロケーション調査といい、これもマーケティング上では大事な項目です。

都心に通うのに便利で静かな近郊住宅地や、学校や図書館などが近くにある住宅街は、子育て世代のサラリーマンが好む環境といえます。さらに託児施設や保育園が充実していれば共働きのファミリーが集まってきますし、自治体によって教育上好ましくない業種を規制している文教地区も、ファミリー層に根強い支持があります。近くに公園がある場合、ペットの散歩が自由にでき、更にドッグランがあれば、ファミリー向けというだけでなくペット共生型マンションへのニーズもあります。

このように地域の最新の世代別入居者ニーズを、単身・ファミリーといった区分ごとにしっかりとリサーチできれば、賃貸経営成功の確率は飛躍的に上がります。

4．入居者ニーズを捉える

ターゲットが絞られてくると、次にはそのターゲットとなる人たちが何を求めているのかを知る必要が出てきます。「地域ニーズ」に続く「入居者ニーズ」です。これは世代別、男女別に検討しなくてはなりません。絞り込んだターゲットによって、確保すべき部屋の広さや間取り、収納、設備、そして賃料の価格帯が異なってきます。

単身女性をターゲットとするなら、設備や内装も独身女性の好みに合うものが必須ですし、ペット共生型では耐久性の高い素材や足洗い場などが求められます。高齢者向けの場合はユニバーサルデザインやバリアフリーを考慮することになります。

賃貸経営では「女性に人気のある物件は成功する」と言われています。というのも一般的に男性よりも女性の方が「住」へのこだわりが強く、女性に評価される物件であれば男性にとっても魅力的となるからなのです。女性はしまり屋というイメージがありますが、実は住宅にかける予算は、平均で男性より5000円くらい高いというデータがあります。ファミリー層やDINKSでも、部屋選びの主導権を握っているのは奥様であることが多いのです。

「狭い、古い、汚い」という、いわゆる三重苦物件は、女性から特に敬遠されます。男性にはこうした点に無頓着な人が少なくありません。駅から近いかどうかといった立地に関しては男女の差はそれほどないのですが、清潔感や収納スペースの有無などに関しては、男女の違いは大きいと考えてください。

女性が住まいに求めるものは、「安全、安心、癒し」と言われます。まずはこの3点をしっかりフォローすることです。「安全、安心」の面では、セキュリティや耐震性が問題となります。「癒し」に関しては、内装デザインや植栽などを通じて、どのような「癒し」を訴えるのかというコンセプトを持つことが大事です。

女性はおしゃれな住まい方を求めます。そして、特に大切なのが水回りです。単身女性の休日の過ごし方について、意外に家での時間が長いことがアンケート調査でも分かっています。「たまには本格的に」とじっくり料理したり、ゆっくりお風呂に入ったり、洗濯したりする。その場合に使われるのは台所、浴室、洗濯機で、それらをつなぐキーワードが「水回り」なのです。

おしゃれという面での差別化のためには、内外装にどんな素材を使うか、また建物や外構のデザイン性も重要になってきます。時代による入居者の好みの変化をしっかり押さえることも大切です。お風呂とトイレと洗面台が1室に収まっている3点ユニットは最近まったく人気がないので別々に独立型にした方がよいとか、エアコンは必須だとか、室外の洗濯機置き場はありえないとか、遮音性はどうかといった、最近の入居者が気にするポイントを外してしまうと、不人気物件になってしまいます。

最近の若い人にとっては、歯磨き、洗顔だけでなく、化粧をしたり髪を整えるためのドレッサーは必需品となっていて、たとえ単身者向けの物件であっても、バス、トイレ、洗面台（ドレッサー）がそれぞれ独立してつくられるようになっています。世代が違うオーナーさんはそのあたりの感覚がよく分からないため、配慮が足りずに失敗してしまう例がよくあります。若い人がドレッサーを重視していることを知らず、お風呂の中に小さな洗面台をつける程度で済ませてしまうのです。また、最近はオシャレ男子も増えており、独立洗面台のニーズは見過ごせません。

5. コンセプトが重要

賃貸経営を成功させるカギは、「周りの物件に対していかに差別化するか」です。価値観や美意識が多様化した時代に育ってきたのが、今の賃貸住宅のお客様です。当然、賃貸住宅にも個性が求められます。

競合相手がたくさんいるからといって、地域ナンバーワンを目指す必要はありません。他にない特色を打ち出して地域のオンリーワン物件になれれば、それだけで入居待ちが出るほどの人気となる場合もあるのです。逆に、建築会社から渡された住宅カタログから自分の好みで選んだだけで、差別化の方法など何も考えず、外構や植栽もずさんなまま、物足りない賃貸住宅を建ててしまう例が現実には多くあります。

差別化のためにはまず、建物のコンセプトが重要になってきます。コンセプト型賃貸住宅の代表例にデザイナーズ建物があります。デザイナーズ建物とは特定のコンセプトにもとづいて建てられたオリジナルデザインのマンションのことで、ありきたりの規格品ではなく、個性的でハイセンスな建物に暮らすことが、入居者にとってのステイタスとなります。そうは言っても、しっかりした市場調査に立脚したデザインや間取りでなければうまくいきません。奇抜さだけでなく、実用性もありながら、10年後、20年後も変わることなく多くの人にとって憧れであり続けるための機能性とデザインが要求されます。

差別化に失敗した事例をご紹介しましょう。四角い敷地に合わせ、「羊羹（ようかん）切り」と呼ばれる、昔ながらの団地タイプの住宅をイージーにつくってしまったケースです。

この平面図では5つの部屋を配置していますが、どこも同じ広さ、同じ間取りで、片側にバルコニーが設置された形式となっており、個性がありません。同じ敷地、同じ建坪でも資料1―

３のような部屋のとり方をすれば、各部屋に個性が出てきます。

この設計プランでは、一部にメゾネット方式を取り入れることで、全室が角部屋となることがポイントです。同じ単身者向けアパートであっても、こうした工夫で人気と入居率に差が付いてくるのです。

あるオーナーさんは、単身者向けにその地域の平均面積よりやや広めの１ＤＫの部屋を用意するとともに、１～３階のフロアごとに打ち出すイメージを変えました。１階は他の階にはない付加価値として、壁面棚の取り付け場所を自由自在に変更で

資料１－２「羊羹切り」と呼ばれるケース

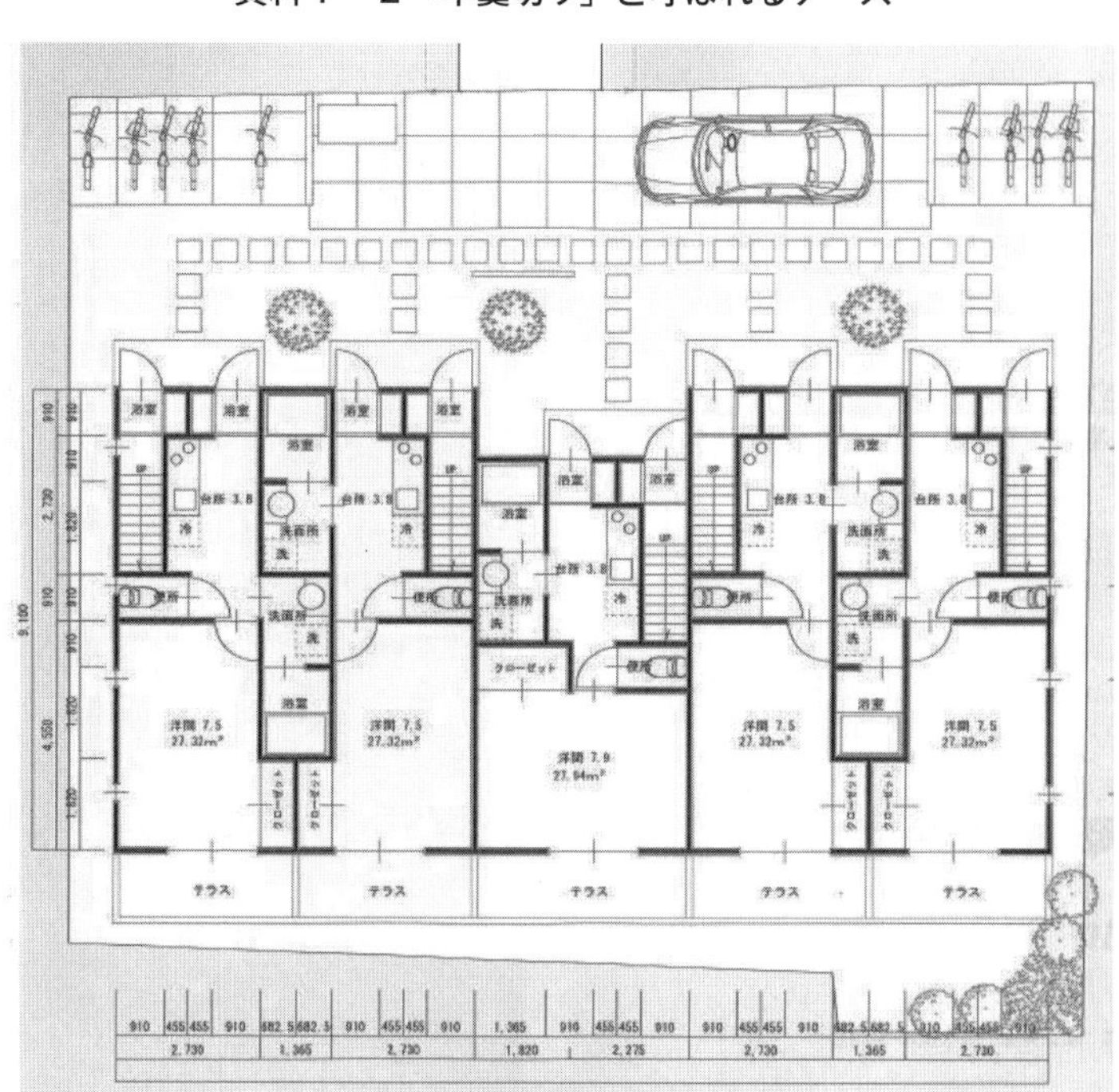

きるようにしました。これは特に女性に好評で、防犯上の問題や人の視線が気になる女性には敬遠されがちな1階ですが、すぐに入居者が決まるようになったのです。2階の床は若者向けに明るいホワイトベースとし、キッチンはビビッドなブルーに仕上げ、アクセントクロスを取り入れて、ちょっと個性的な部屋に住んでみたいというニーズを叶えます。3階は床をシックなブラウン系にして、落ち着いた大人の雰囲気の部屋に仕上げました。その他、入居者がお客様をお迎えできるようにエントランスをカフェスタイルにした

資料１－３　各部屋に個性を持たせる間取り図のケース

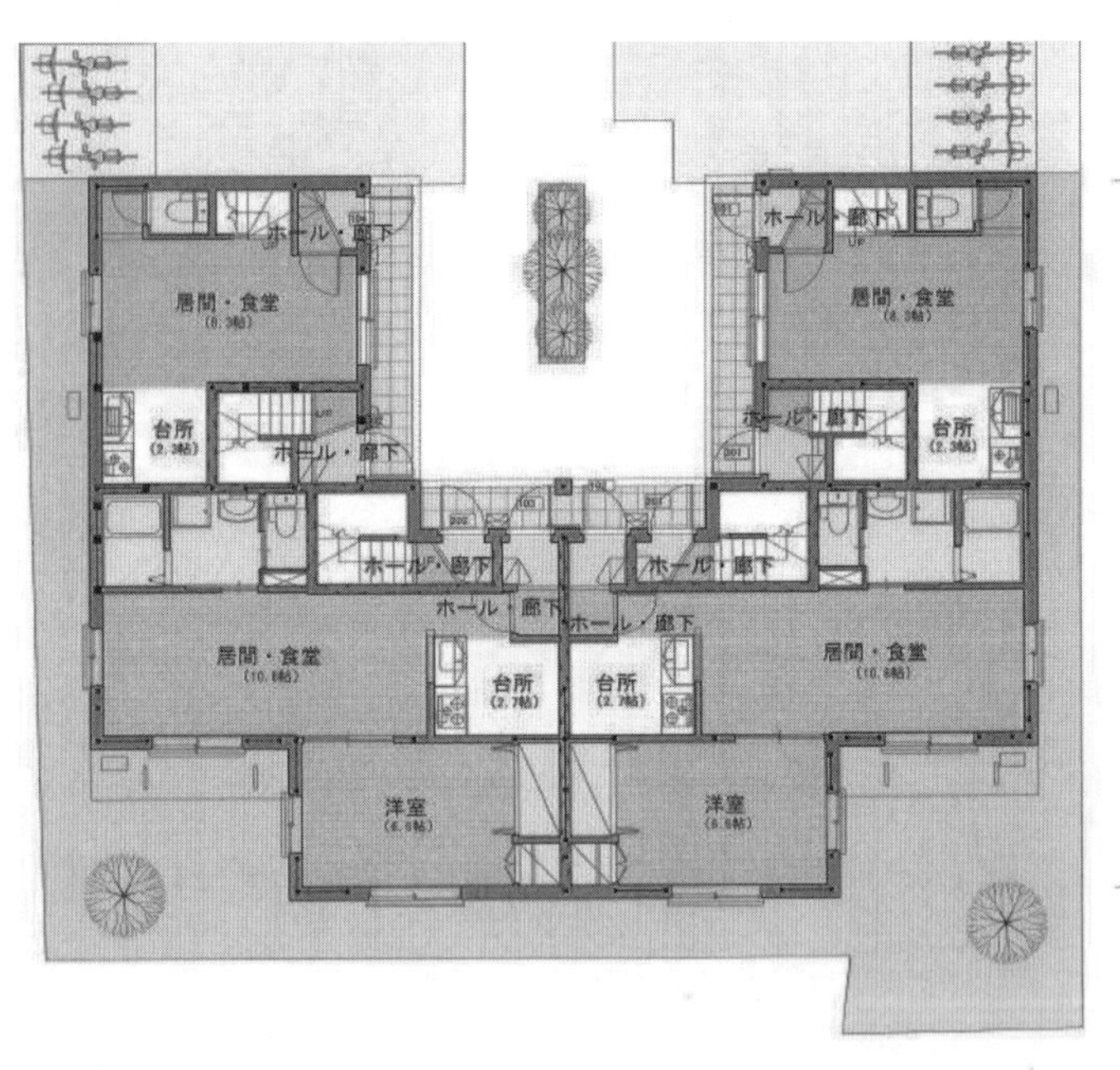

り、お子さんがお友達を連れてこられるよう共用のキッズルームを設けたりして、付加価値を高める工夫もされていました。

成功している賃貸経営では、このような差別化が一つのカギになっています。多様化する趣味に合わせて独自のコンセプトを打ち出していくことも、付加価値をつけるためのよい方法です。ペット好きのために「ペットと素敵な生活ができる住宅」というコンセプトにした事例、オートバイ好きのために「ライダーズ・コンセプト」にして成功した事例、自転車好きのために室内に自転車が置ける広い土間スペースを設けた事例などもあります。

新築の時ばかりでなく、将来の入居者ニーズの変化を捉えた工夫をしているオーナーさんもおられます。あるオーナーさんの賃貸マンションは、現在は若い家族向け物件として成功していますが、将来、高齢者中心の時代に変わっても、余裕で対応できる設計としています。4階建てまではエレベーター設置義務はありませんが、あえてバリアフリーを意識してエレベーターを設置しています。現在は1階に入居者専用のアスレチックルームを設けていますが、「将来は、この部屋を介護ルームにしてもいいですね」と考えられているとのこと。これから高齢化社会を迎える日本の将来ニーズを見越しているのですね。ここまで時代を先取りしたマーケティングを行っていれば、賃貸経営の成功は間違いないでしょう。

■チェックリスト1　マーケティング

□土地の立地条件、間口や形状が目的の土地活用に適しているか
□地域の住民の年齢、性別、世帯構成はどうなっているか
□最寄り駅の乗降者数や駅前の発展具合はどうなっているか
□地域ニーズとして高いのは単身向けか、ファミリー向けか、ＤＩＮＫＳ向けか
□静かな住宅街か、それとも繁華街かオフィス地区かなど環境はどうか
□日常の買い物に便利なスーパーやコンビニなど充実しているか
□周辺に公園、学校、託児施設、図書館、公園などの施設があるか
□近くに若者の集まるおしゃれなスポット、ショップ、レストランなどはあるか
□ターゲットとした入居者層の嗜好・趣味のトレンドを捉えている街であるか
□夜の街なみや街灯の状況、雨天の様子など自身の目で確認しているか
□差別化された物件やデザイナーズなど特徴のある建物は多いか
□大型マンション、中型マンション、アパートなどのカテゴリーが多いか
□将来の入居者ニーズの変化を見越しているか

第二節　土地活用のイロハ

【事例】3つの差別化で入居者が殺到している家主さんの事例

Aさんのマンションは、ターミナル駅から徒歩10分の便利な場所で、都心へのアクセスも良く、商業や経済の拠点となっている街にあります。

Aさんは、「人任せにしないセカンドライフを充実させるための土地活用」と、しっかりしたビジョンをお持ちでした。賃貸経営＝サービス業と考え、真剣に入居者サービスの差別化を考えました。まず、近隣の市場調査を行ったところ、この駅を活動拠点として生活するシングル層の姿が見えてきたそうです。

同じシングル層でも、卒業してこの街から離れてしまう学生と、長く住んでもらえる社会人とは生活サイクルが異なります。Aさんは、「シングルの社会人」にターゲットを絞りました。

そして、近隣マンションの特徴や間取り、仕様、家賃について調査し、比較しました。並行してオーナー向け勉強会にも積極的に参加し、賃貸トラブル事例やマンション生活への不満についても調べました。

その結果、近隣の平均的な広さ「20〜22㎡」より広めの28〜30㎡の１ＤＫにして、ゆとりの空間を目指しました。それに加えて、３つのコンセプトで差別化を図ることにしました。

①　アートな空間づくり

センスの良い設計スタッフの助言でエントランスホールにアート作品を飾り、ギャラリー的な空間を演出しました。入居者に、ゆとりと安らぎを感じてもらえる空間を提供したいという思いだそうです。

②　植栽・照明のバージョンアップ

商業や経済の拠点という場所柄もあって、癒しをコンセプトに「緑豊かな」空間づくりを目指し、エントランスまでのアプローチを植栽で彩り、夜はライトアップを演出しました。一歩、マンションの敷地に入ったら別空間のようです。

③　Ｗｉｆｉ無料化対応

インターネットは当たり前の時代なので、もう一歩進んだ容量の大きなＷｉｆｉを無料化しました。在宅ワークの方にも、良好な環境でパソコンやスマホが使えます。

これに加え、各部屋の作りにもこだわり、ウォークインクローゼットやシューズクローゼットまで設置し、壁紙もスタイリッシュなアクセントクロスを採用しました。収納豊富な賃貸物件は移転サイクルが長いというデータもあり、継続した入居を狙っております。

入居者の最新ニーズを知っている賃貸管理会社やコンサルティング会社からの助言は特に貴

重でした。

Ａさんの、「お仕事で疲れて帰って来られるときに、癒しの空間で温かくお迎えしたい。」という思いと、それを具現化するパートナーチームにより、満室経営が実現できた事例です。

1．土地活用には、どのような方法が考えられるのか？

土地活用の経験がない方が「この土地をどう活用しますか？」と聞かれても、すぐには答えられないと思います。そこで大まかに、土地の将来像についてどのような考え方があるのか整理してみましょう。

①　駐車場など、土地を貸す簡単な方法
②　第三者へ売却する方法
③　誰かと手を組み、等価交換、共同建替えをする方法
④　自分で建物を建て、賃貸経営を始める方法
⑤　何もしない方法　等に整理できます。

資料１－４　「土地活用の方法」

土地を貸す	駐車場	立体駐車場
		コインパーキング
	貸地	貸地（定期借地）
		一時貸地
処分する	売却	
	物納	
事業化する	等価交換	
	共同建替え	
建てて貸す	住居用	アパート
		マンション
		戸建賃貸
		社宅・寮
	事業用	店舗
		倉庫
		飲食店・レストラン
		医療・福祉施設
		アスレチック、ホテル
放置する	何もしない	

2. 土地のイメージを再把握してみよう

大まかな土地活用をイメージするためには、計画する土地について白紙の状態から見直してみることが必要です。

(1) 生活者目線からのイメージの把握

土地活用の候補地がオーナーさんの地元であれば、当然ですが十分すぎるほどイメージを把握していると思われます。しかし、角度を変えて主観的な目線ではなく、この街で初めて生活を始める入居者の目線で再度、把握し直してみましょう。

具体的にはまず、Ｇｏｏｇｌｅ Ｍａｐｓを用いて、ストリートビューや航空写真などで、地域のイメージを生活者目線で見直してみてください。入居者としてどのお店に買い物に行き、どの施設を利用し、どこで食事をしたいと思うのか、散歩気分で多面的な地域のイメージを導き出してみましょう。コツは、貴方が仕事帰りの遅いサラリーマンだったら、若しくは、小学生の子供のいる専業主婦だったらなど、想像力を膨らませてみてください。そして、実際に周辺地域に足を運び、いくつかの想像できる入居者ターゲットの目線で街を歩きながら、自分が今まで持っていたイメージと現実の街とを比較して深化させていきます。ご家族と散歩しながらカフェに寄り、ショップを覗いてみると、土地活用のこの過程は楽しい時間にもなります。

⑵ 最寄り駅の立地特性

地域のロケーションからイメージを膨らませると同時に、最寄り駅を含めて鉄道沿線のポテンシャルを再度、調べましょう。多くの鉄道会社では、ホームページ上で「駅別乗降人員（1日平均）」を発表し、前年度との比較を公表しています。沿線や駅の乗降人数は増加傾向か、それとも減少傾向かは、地域のイメージや将来性に影響します。商業ビルやオフィスビルが新たに建設されているか、若者が集まり、流行店が進出しているかなどもチェックします。

インターネットで、例えば「吉祥寺　駅前グルメ」とか「吉祥寺　駅前施設」など、いくつかのキーワードを組み合せて検索し、駅周辺の街の力を確認します。

次に、最寄り駅の活性度を自分の目で確かめてみましょう。駅の混雑状況や、始発・最終時間、バス便の本数や路線をリサーチします。朝、昼、夜の時間帯に分けて駅の改札口に立ち、乗降客数や職業、年齢層、ファッションなどを見ます。駅周辺の商業施設の充実度を観察し、商店街が駅前に貼り付いた小規模なものなのか、それとも網の目のように商店街が発達し、個性が感じられるかを見ていきます。

銀行の支店数もチェックポイントです。近隣の駅と比較して多数の銀行が支店を設置していれば、それだけ商業や産業が活発化しているか、あるいは富裕層が多く住んでいることになります。

（3）街並み特性

土地は、大きく住宅系と商業系に分かれます。住宅系では、特に「生活者の目線」「入居者ニーズ」が重要なポイントになります。これからのプランニングでもこの2点は呪文のように頭から離れないように意識しましょう。

駅前リサーチの時で良いのですが、やはり足を使って周辺の建物の高さを観察して、街全体が高度利用されているのかどうかをチェックすることもポイントです。

低層型アパートが多い地域、あるいは高層型や大型マンションの多い地域、戸建住宅の多い地域、ニュータウンのように地域全体に新築の建物が多い地域、老朽家屋が多い地域というように整理します。マンションが多くても入居者は事務所系のテナントが多い地域もあります。レストランや居酒屋のグレードや客の入り具合、スーパーマーケットの食料品の種類や品質などをみて、その街の賑わいや活力を強くイメージしましょう。

公園なども、児童が多いか、荒れていないか、ペットの入れる公園であるかなど観察しましょう。

たとえ商店街に活気がなくても、悲観する必要はありません。後継者のいない商店街がデベロッパーによる開発で活気を取り戻した事例もあります。

また、他のオーナーの賃貸物件を見たら観察する習慣をつけることが重要です。郵便ポストを見ると入居率や管理状況が見えてきます。建物を見るときは、バルコニーと窓の数によってワンルームタイプが多いのか、ファミリータイプ中心かを観察し、地域ニーズを把握しましょう。

資料1－5「土地活用のチェックポイント」

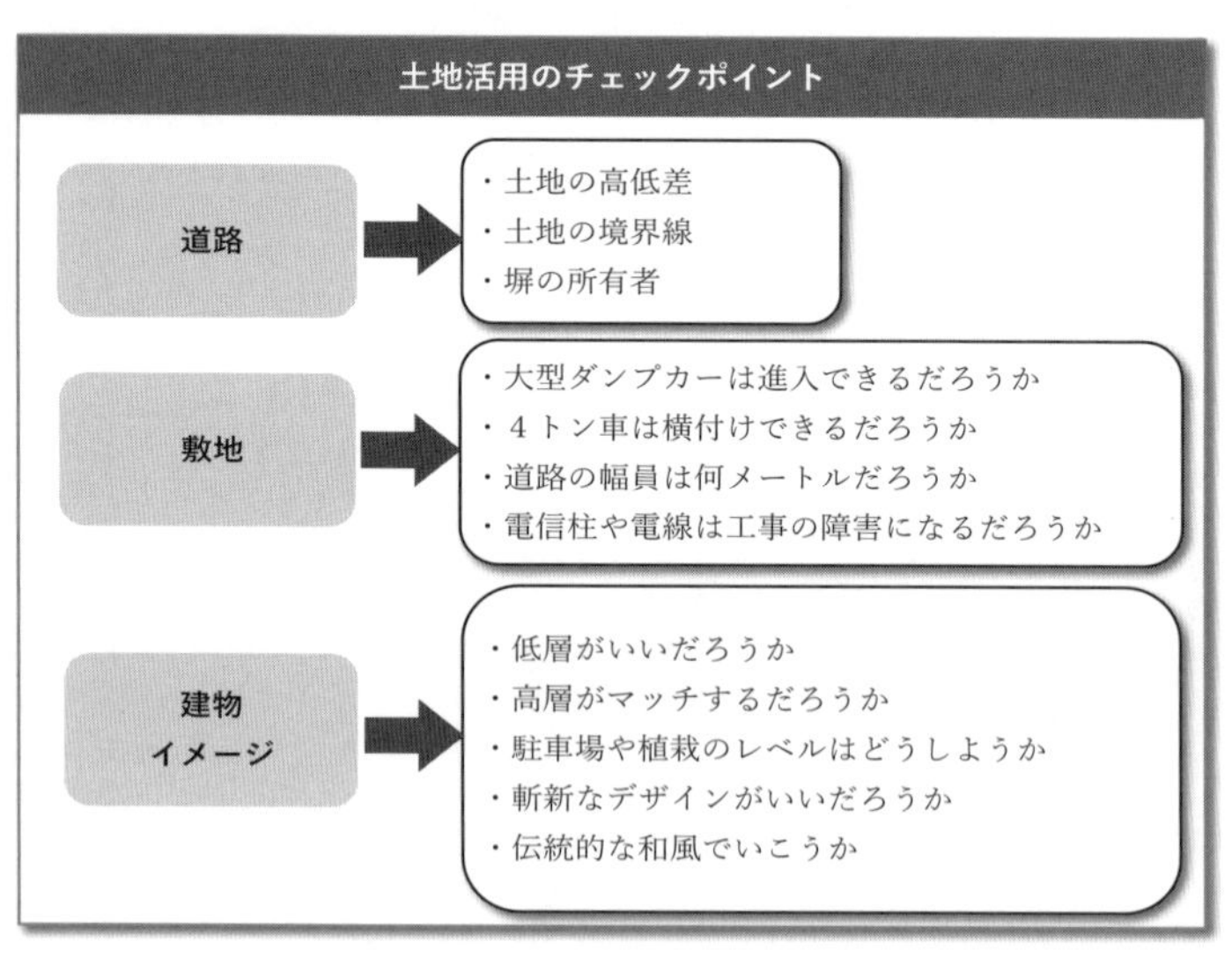

3．土地の特性を考えてみよう

土地活用の種類は数多くありますが、事業として成立させるためには、土地とその地域のポテンシャルを理解しなければなりません。土地は動かすことができませんし、地域のイメージや特性を変えることも困難です。従って、ご自分の土地の持っているイメージや特性に合わせた活用プランを考えるのがセオリーとなります。立地の特性を大きく分けると、駅前立地、住宅地、ロードサイドに分類できます。

(1) 駅前立地

計画地が駅前や駅に近い場合には多様な活用方法が考えられます。自然と人が集まってくる地域です。駅前広場に接していたり、改札口から見えるような立地、更に駅前に広がる商業ゾーン、駅前から続く商店街などがこの立地に属します。こんな立地ならどんな土地活用でも成功しそうですが、土地の持つポテンシャルを最大限に生かす活用方法をイメージしなければなりません。そのためには、やはり歩いてみることが基本です。店舗系のテナントは世の中の情勢に左右されやすく、大きな社会情勢の変化により滞納や撤退、空室で悩むケースもありますので、ターゲットとする業種を綿密に考えなければなりません。これを怠ると雑居ビルとなってしまう恐れがあります。

オフィスビルでも同様にテナントの業種や募集状況（空室の有無）を見ることが重要です。大手企業の支店や出張所、学習塾、診療所など、既存のビルに入居しているテナントの特徴を理解することが必要です。また、計画地の最寄り駅だけでなく、沿線のターミナル駅や急行停車駅、隣接する駅にも降りて、同じように調査をして特性を比較してみましょう。最近はテレワークの普及が進み、オフィスニーズも大きく変化しています。周辺のシェアオフィスも実際に覗いてみて、仕組みの説明を聞いてみましょう。

⑵ 住宅地

住宅地は、最寄り駅から徒歩圏で周囲に住宅が建ち並んでいて、広いゾーンが対象となりますので、競合物件のリサーチが重要です。

住宅地における土地活用の中心は賃貸マンションやアパート、タウンハウスなどの賃貸住宅になります。賃貸住宅の建築会社は数多く存在し、空室保証や一括借り上げといったメニューを用意している事業者も多いことから、オーナーからみると〝丸投げ〟してしまえば簡単に賃貸経営が成功しそうに思いがちです。しかし、近年は少子高齢化でワンルームマンションなどを借りる若年層が減り、人口の減少傾向が続いている地域も多いので、空室に悩まされる物件も増えています。それなりの知恵と工夫を備えた賃貸住宅でなければ、満室経営には導くことはできない時代と言っても過言ではないのです。

住宅地でも基本は、最寄り駅の活性度を調べることと、駅から現地までのアプローチ、そして周囲の環境を生活者目線で入居者ニーズを掴むことです。まず、駅から対象地までのスーパーマーケットやコンビニ、銀行、飲食店を調べ、生活の利便性を把握します。次に、街路樹や街路灯、歩道はあるのか、トラックやタクシーが走行する近道・裏道になっていないか、夜でも人通りはあるのか、道路の雰囲気が明るいかなどを調べます。女性の視点も大事なので、夜道の安全性にもしっかり目を配ります。

そして、現地周囲１㎞くらいの範囲に、大きな公園や図書館、スポーツセンター、有名大学や専門学校などがあるのかを航空地図等で調べ、自分の足で施設の入口の様子まで一つひとつをチェックしていきます。車両の出入りの頻繁な工場や、騒音を出す工場、町工場が近くに立地していないかも調べます。

また、周辺に老朽化したアパートが多いのか、新築の建物が多いのか、デザイン性に優れた建物が多いのか、雑誌に取り上げられているカフェや、オーナーシェフが経営している洒落たレストランが点在しているのかと、といった点も観察し直すことが必要です。

この状況を掴んでいると、万一、いい加減な建築会社の営業マンがろくにリサーチもせずに提案書を持ち込んできても、入居者ニーズを満たしているかどうかは見抜くことができます。

（3）ロードサイド

ロードサイドにある土地の場合は、たとえ駅や住宅地と離れていても車での来客が見込まれれば、ファミリーレストラン、ホームセンター、ショッピングセンター、アウトレットモール、複合商業施設など、多様な有効利用が考えられます。地方都市の中心部にあったデパートが、ロードサイド型ショッピングモールに押されて撤退するという現象も起こっており、ロードサイド店舗は今後もますます発展が期待できます。

ロードサイドは一見シンプルなようですが、自動車からの目線で上り坂にあるのか、下り坂にあるのか、Ｕターンできるかなど集客の目線が重要となってきます。

以上のように、土地活用の目的を再確認し、ご自分の土地のイメージを再確認し、ご自分の土地の特性を考えてみる中で、大まかに土地活用を考えてみてください。

（4）土地活用検討のフローチャート

土地の特性について大まかにチェックしましたが、貴方の土地にはどんな活用方法が考えられるのでしょうか？　参考として土地の特性から、活用方法を考えてみる簡単診断シートを掲載しました。フローチャートに従って、ラフ案を検討してみてください。

併せて、土地面積、周囲の環境、接面道路の特徴から、どのような構造の建物が検討できるのか、簡単診断シートを掲載しましたのでフローチャートに従って、建物の規模、構造を検討してみてください。

土地活用の目的を確認し、ご自分の土地のイメージを確認し、ご自分の土地の特性を考えてみる中で、大まかに土地活用をイメージしてみてください。街を歩くときにそのイメージに近い建物の観察などしてみると更に成功に近付くでしょう。詳細な土地活用方法は第二章「パートナー選び」で紹介する専門家にご相談ください。

資料１－６　フローチャート「土地活用方法の選択」

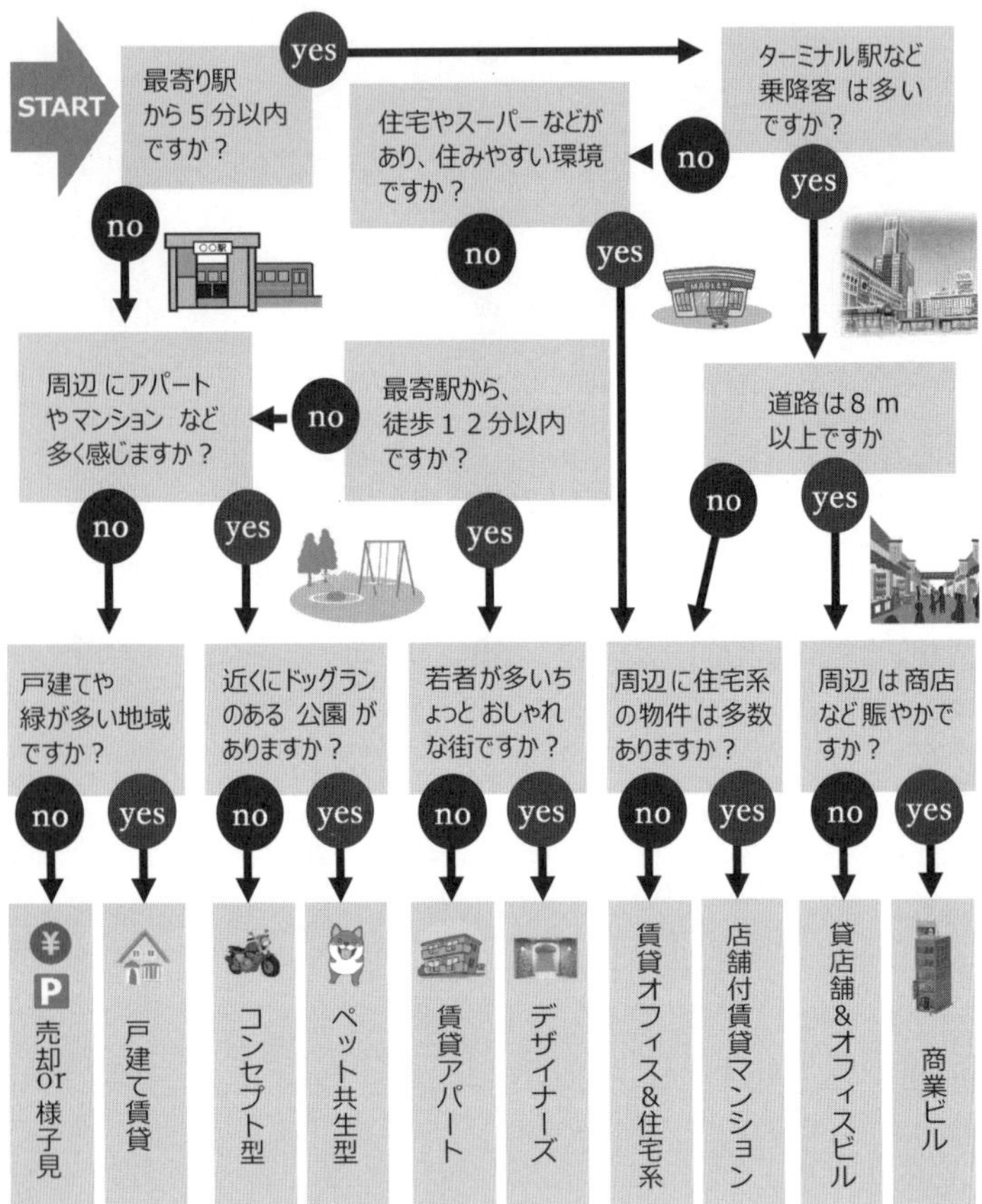

資料１－７　「建物構造・規模を選択するフローチャート」

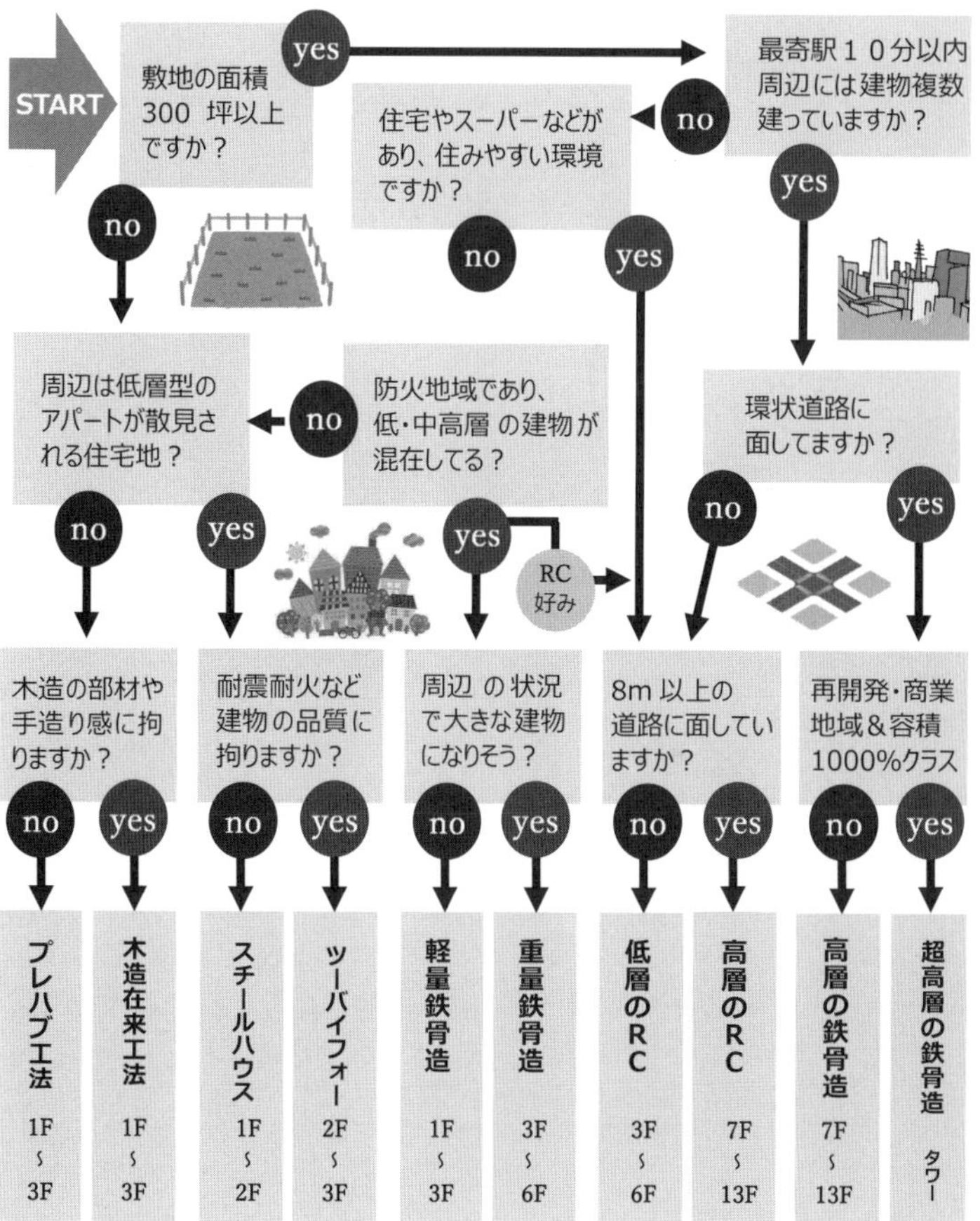

4．土地活用の目的

（1）年金だけでは暮らしていけない老後の生活！

（公財）生命保険文化センターでは、人々の生活保障意識や生活保障の準備状況を把握することを目的に、3年ごとに「生活保障に関する調査」を実施していますが、２０１９（令和元）年9月に最新の調査結果が発表されています。これによると、8割以上の人が自分自身の老後生活について不安を感じていますが、最大の不安は「公的年金だけでは不十分」という理由から生じており、82・8％の人が不安感をお持ちになっています。

多くの方たちが公的年金だけでは生活できないとの不安を感じていますが、この調査では老後の生活費について、①最低日常生活費、②ゆとりある生活費、と2つに分けて見ています。必要な最低日常生活費を「20～25万円未満」と回答している人が29・4％と最多となり、平均額は月額22・1万円で前回3年前と同額となっています。

標準的な高齢者がどの程度の年金額を受け取れるのか、厚生労働省では毎年年初に「モデル年金額」を発表しています。モデル年金額とは、夫の厚生年金が平均的収入（平均標準報酬（賞与含む月額換算）42・8万円）で40年間就業し、妻がその期間すべて専業主婦であった世帯が年金を受け取り始める場合の給付水準を想定しているのです。２０１９（令和元）年１月のモデル年金額は、月額２２万１５０４円と発表されていて、生命保険文化センター調査の「最低日常生活費」と、ほぼ同額になっています。

　この金額は最低の生活を賄うだけのものであり、「旅行やレジャー」「身内との付き合い」「趣味や教養」「日常生活費の充実」など、経済的にゆとりのある老後生活を送るためには月額36・１万円が必要との結果になっています。

　厚生労働省のモデル年金額からは毎月１３万９４９６円も不足しており、年間では約１６７万円にもなります。次のグラフは、モデル年金額と「ゆとりある老後生活費」との12年間の推移を表しています。２０１９（令

資料１－８　「ゆとりある生活費」

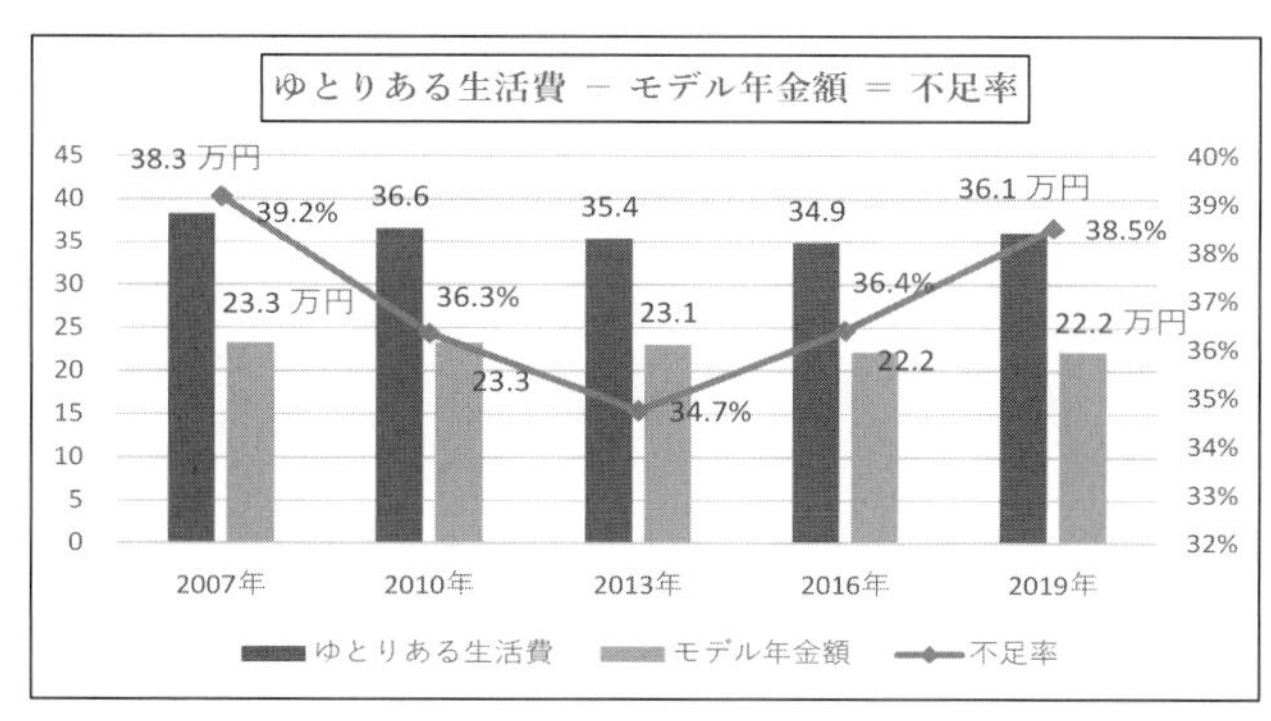

【出典】「令和元年度　生活保障に関する調査」
2019（令和元）年9月20日　公益財団法人 生命保険文化センター
報道発表資料「平成31年度の年金額改定」
2019（平成31）年1月18日　厚生労働省年金局年金課

和元）年時点では、「ゆとりある生活費」に対して、実際に支給されている年金額だけでは38・5％も不足しているという厳しい現実を示しています。

厚生年金や国民年金だけに頼っていては十分にゆとりのある生活が送れないだけでなく、今後ますます年金支給額は減らされていく方向性が明確になっています。副収入がないと暮らしていけない現実だからこそ、土地をお持ちの地主さんだけでなく、一般の戸建住宅や区分所有マンションをお持ちの方、賃貸住宅にお住まいの方を含めて、いろいろな機会を捉えて不動産投資に取り組むことで少しでも多くの収入を得られるような自助努力が必要となるのです。土地活用は、老後の私的年金代わりとして安定的な収入源となります。

（2）大幅に強化された相続税課税

土地活用は、老後対策とともに次世代対策にもなります。ご存じのように、２０１５（平成27）年1月から相続税制度が変更になり、基礎控除額は引き下げられました。反対に税率は上がり、相続課税が強化されました。課税強化された新しい相続税制度の下、２０１８（平成30）年1～12月までに発生した相続の実態について、国税庁が「平成30年分の相続税の申告状況について」調査を行い発表しました。

それによりますと、税制改正前の平成26年には死亡件数全体で相続税申告が必要となった方は全国で4・4％でしたが、30年には倍近くの8・5％となりました。特に地価の高い東京都では9・7％から16・7％に増加し、6～7人に1人は相続税を納めざるを得ない対象になったのです。

以下に、東京国税局管内（東京都、千葉県、神奈川県、山梨県）の「相続税の申告事績」について、2014年と2018年の比較表を掲載しましたので、どれだけ多くの方が相続税を納付されているかご覧ください。相続税申告が必要となった人たちは約2倍に増え、納税額が4割以上も増加していることが分かります。

多額の資産を保有している富裕層を対象にした資産税だと思われていた相続税ですが、今回の制度改正ではごく普通の人たちまで、相続税課税対象になってきたと思われます。

資料1－9　「相続税の申告事績」

相続税申告事績の比較（東京国税局）

	2014年分	2018年分	増減比較
①死亡者数	249,140人	271,066人	＋8.8％
②相続税申告対象の被相続人数	18,608人	36,782人	＋97.7％
③課税割合（②／①）	7.5％	13.6％	＋6.1ポイント
④相続税納税者数	44,114人	81,608人	＋85.0％
⑤課税価格	43,853億円	59,673億円	＋36.1％
⑥税額	6,514億円	9,262億円	＋42.2％
⑦1人当たり課税価格（⑤／②）	23,567万円	16,223万円	－31.2％
⑧1人当たり税額（⑥／②）	3,501万円	2,518万円	－28.1％

【出典】「平成27年分の相続税の申告状況について」
2016（平成28）年12月　東京国税局発表
「平成30年分の相続税の申告状況について」
2019（令和元）年12月19日　東京国税局発表

お金持ちからはより多く、そうでない人たちにも広く課税していこうとしたのが今回の狙いです。

相続税額算定の基礎となる路線価について、東京都では2014（平成26）年から7年連続で上昇しており、全用途平均で26・4％も上昇しています。現在、東京都在住の6～7人に1人が課税対象になっていますが、路線価上昇に伴い、今後対象者の比率はどんどん多くなっていくと考えられます。

(3) 相続税対策としての土地活用

相続税は、相続や遺贈によって取得した財産および、相続時精算課税の適用を受けて贈与により取得した財産の価額の合計額から、債務などの金額を控除し、相続開始前3年以内の贈与財産を加算し、その金額・課税遺産総額が基礎控除額を超える場合に、その超える部分に対して課税される国税です。

課税遺産総額を算出する場合、次表の通り、現金・預金で資産保有しているより、土地・建物で保有しているだけで評価額が下がりますが、いろいろな軽減措置を活用するとさらに評価減を図ることができます。

現金・預金だけで保有していた資産を土地・建物の保有に組み替え変更すると、相続税評価額は7割ほどに圧縮することができ、さらにマンション・アパートなどの賃貸建物にすると、土地・建物で約5割近くまで相続税評価額を圧縮することができます。このように、現金・預金を中心にした資産構成を不動産、特に賃貸不動産に資産組み替えを行うことにより相続税を大幅に減らすことが可能になるのです。

よく「財産三分法」と言って、預貯金・有価証券・不動産にバランス良く資産構成をするのが理想とされており、収益性・安全性・流動性の3要素から判断することにより、なお良好な資産活用につながります。ただ、不動産活用と預貯金・証券・債券・投資信託などによる資産活用との大きな違いは、超低金利下で利回りの優位性もありますが、相続税などで他の資産活用と大きく異なる節税効果

資料1－10　「相続税評価額の圧縮」

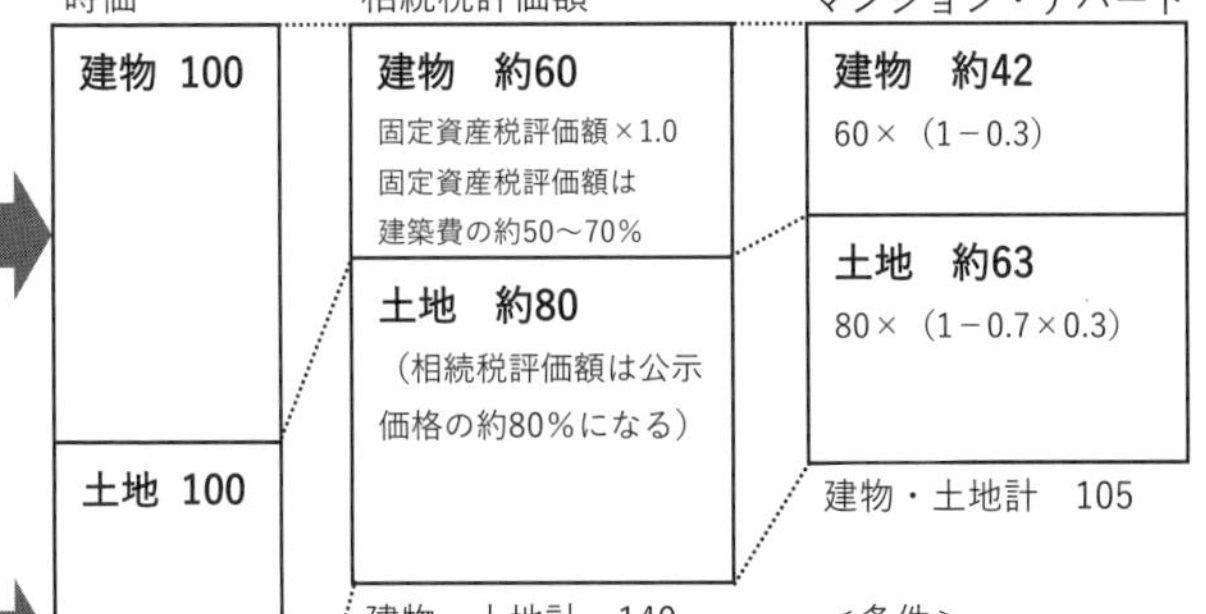

があることです。この観点からも土地活用の有効性が言われてきたのです。

■チェックリスト2　現在の生活、将来の生活イメージ

□現在の生活費がいくらくらいか、把握しているか。家計簿は付けているか
□勤務先の定年、再雇用、60歳以降の賃金など、雇用制度を理解しているか
□何歳から年金が支給されるか、金額はいくらか知っているか
□退職後の所得税・住民税・健康保険料・介護保険料等は予測できるか
□自宅の建替え、大規模修繕、リフォームなどの将来計画は立てているか
□住宅ローンの借換え、繰り上げ返済、完済予定の計画はあるか
□実家の不動産の現状、耐用年数、固定資産税額などを把握しているか
□平均余命、健康寿命を知っているか、自分にあてはめて考えたことがあるか
□退職後の老後資金がいくらくらい必要か知っているか
□老後に備えた資金計画は予定通り実行されているか
□年金収入以外の副収入について、何か計画を持っているか
□不動産チェックリストを作成したことがあるか
□土地活用プランは検討したことがあるか

■チェックリスト3　相続税について

□自分の遺産総額を把握しているか
□相続税の課税対象となる正味遺産額を計算できるか
□基礎控除額や貸家建付地・小規模宅地の評価減など知っているか
□相続税はいくら納付する必要があるか、計算したことはあるか
□相続税を支払う現金・預金は準備できているか
□現金・預金の準備はなくても売却できる土地や物納用地は確保しているか
□残したい不動産、活用したい不動産、処分していい不動産など選別しているか
□相続税を節税する方法を検討したことがあるか
□配偶者や子供に不動産を継いで経営していく能力や時間はあるか
□配偶者や子供と相続について話し合ったことはあるか
□相続について、専門家に相談したことはあるか

第二章　パートナー選び

第一節　土地活用は、誰に相談すれば良いの？

【事例】

親戚に依頼して失敗した事例（親戚に依頼……付き合い断絶へ）

最初の相談相手としてとして、親戚や友人など、建築関係の個人的な知り合いにプラン作成を頼む人がいますが、これは避けた方が無難です。

親戚の建築士に頼んでひどい目にあった、あるお医者さんがいました。この方は個人で住居兼医院のクリニックを経営していたのですが、クリニックの建替えを計画し、親戚の設計事務所にプランニングを頼んだのです。

打ち合わせは順調に進み、「そろそろ建築確認が下りて、工事の準備にとりかかる」という時期に合わせて、施主であるお医者さんはクリニックを一旦休業し、自分も仮住まいに引越ししました。ところがいつまでたっても工事が始まりません。

不審に思って設計事務所に問い合わせると、「まだ建築確認がとれていない」というのです。

実はその設計事務所が下請けで使っていた構造計算事務所が倒産し、そのために代わりの構造計算事務所を探している最中だったのです。「工事を3カ月延期させてほしい」と言われ、お医者さんはやむなく了解したのですが、工事を請け負うことになっていたゼネコンも、建築確認が下りることを見越して、既に現場事務所を設置して人を配していました。

3カ月も人を遊ばせることになったゼネコンは、現場事務所の経費も増加したので、当然、建築費の追加を求めてきました。さらに、設計事務所まで追加の設計料を請求してきたのですが、お医者さんからみればそんな費用が必要になったのは、そもそも設計事務所の責任です。

お医者さんと親戚の建築士とは追加費用を払うか払わないかで散々揉めて、以後、親戚付き合いは全くなくなってしまったのでした。

顛末としては、建築会社と交渉させていただき、施工品質を下げないでコストダウンの設計変更をすることにより追加工事を出さない工夫をしました（これは、バリューエンジニアリング：VEという手法です）。併せて設計段階では気が付かなかった使いやすい間取りへの変更などもできたのはせめてもの救いでした。

建築は「クレーム産業」と言われるほどで、施主と業者の間で「こんなはずじゃなかった」という大小のトラブルが発生する確率が非常に高いのです。そのとき、業者が親戚などの身内であったり、仲の良い友人であったら、施主は言いたいことが言えなくなってしまいます。また大きなトラブルが発生して、誰が責任をとるのか、追加費用を誰が持つのかという話になったときには、お互いに感情的になってしまい、それまでの良好な関係が消し飛んでしまうかもしれません。このため設計や建築を、能力の高い低いを考えずに安易に親戚や友人に頼むことは「御法度」とされています。

1．相談相手を考える

初めての土地活用では、まずは素人でも取り組みやすい賃貸マンション・アパートを例として考えてみましょう。

初めての土地活用に挑戦しようと決意は固まりましたが、さてその事業は誰に頼めば良いのでしょうか。関連する専門家は大勢います。土地活用を考え、その可否を検討する場合、最初に必要となるのは、ともに事業計画を検討してくれるパートナーを見つけることです。ここでいうパートナーとは、オーナーさんの依頼を受けて事業計画を作成し、マーケティングを行い、オーナーさんに選択肢を提供する土地活用の専門家です。

検討の結果、「賃貸住宅を建てて賃貸経営を始めよう」とオーナーさんが決断した場合は、建物建築や入居者募集、建物と入居者管理についても相談に乗ることになります。どんなパートナーを選ぶかが、その後の賃貸経営の成功・失敗に直結してきます。

パートナー候補は大まかに、「建築系」と「非建築系」に分かれます。

「建築系」とは建築会社のことで、①ハウスメーカー、②ゼネコン、③工務店、「非建築系」は建築会社以外で、①コンサルティング系、②不動産系、③金融系、④公的機関系、に分けられます。

2．建築系パートナー

建築系とは、建築会社のことです。その中にも大きく分けて、ハウスメーカー、注文住宅の建築会社の2種類があります。注文住宅の建築会社はさらに、大きな工事に強いゼネコンと、一般住宅が中心の工務店に分かれます。つまり建築系には、「ハウスメーカー」「ゼネコン」「工務店」という3つのカテゴリーがあるわけです。

建築会社は最初の工事で利益を上げることができるので、それを狙って大量の営業マンを投入し、広告を打ち、有望そうな土地を所有する地主さんに賃

資料2－1　「建築系パートナー」

建築系パートナーの種類と特徴	
ハウスメーカー	プレハブ工法の企画型賃貸アパートから大型賃貸マンションまで幅広い商品ラインナップをそろえ、市場調査から管理運営まで、社内スタッフや関連会社が対応し、トータルにサポートする場合が多い。品質の安定性と正確な見積もりをする。
ゼネコン	総合建設会社のことで、大規模開発を中心に手がけている。鉄筋コンクリート造のマンションやビルの実績が豊富で、資金調達や法規制対応など総合的なノウハウをもっている。官公庁土木・建築、民間土木・建築の比率や得意地域に注目。
工務店	木造や鉄骨、鉄筋コンクリート造の在来工法が中心で、敷地条件に応じて柔軟に対応し、大小様々な建築工事を請け負う。規模の小さい工務店では、市場調査やプランニング、管理運営のサポートなどは、社外の提携先が行う場合も多い。

貸経営を勧めて回っている会社がたくさんあります。個人オーナーさんが賃貸経営を始めるきっかけの多くは、そうした営業マンに勧められたことなのです。

こうした営業マンは百戦錬磨で、地主さんが少しでも話を聞こうものなら、賃貸経営はいかに利点が多く、楽で儲かるビジネスかを並び立て、地主さんの土地を活用した場合の月々の収入を試算してみせてその気にさせます。オーナーさんは初めて聞く話に感心し、気が付くと工事の契約書に判を押していた、ということになりがちです。

ですが建築会社の営業マンに勧められるままに賃貸経営を始めることには、大きな問題があります。建築会社の営業マンの目的は建築工事を獲得することですから、たとえ賃貸経営に不向きな土地であっても、「採算が合いそうもありませんから、やめた方がいいですよ」とか「この土地であればコインパーキング向きでしょう」といった意見は、まず出てきません。とにかくにも建物を建てるという方向に、まっしぐらに突き進むことになりがちです。本質的な、賃貸経営を行うべきかどうか検討するという、マーケティングの最初の過程が省略されてしまうのです。

ただし、誠実で人間性豊かで責任感の強い営業マンも私は何人か知っていますので、すべてNGとは言いません。またその会社1社から話を聞いているだけでは、他の建築会社に比べて高いのか安いのか、事業プランとして優れているのかダメなのか、比較することができません。建築系の会社をパートナーとする場合には、そうした事情を知っておく必要があります。少なくとも2社以上のプランを比較しましょう。

3．非建築系パートナー

非建築系は、専門知識を活かしてオーナーさんをサポートし、賃貸経営のお手伝いをする、建築会社以外のパートナーです。「コンサルティング系」「不動産系」「金融系」「公的機関系」の4つのカテゴリーがあります。

(1) コンサルティング系パートナー

コンサルティング系は幅が広いため、まずは設計事務所系を説明いたします。設計士は土地オーナーの夢や希望を取り入れて、創意工夫した図面を作成してくれますが、デザインのセンスに個性や傾向が出てきます。マーケティングに詳しい設計士は少ないため、入居者ニーズを知る賃貸管理会社などをサポートに付けると良いでしょう。優れた賃貸住宅や商業店舗を作るためには、設計者の設計能力や経験、設計図書の完成度が大きく影響します。業務は意匠、設備、構造の3つの設計に分けられ、アパート程度の規模であれば一人の設計士で対応することが可能です。設計事務所にも得意分野があり、官公庁舎、商業・スポーツ施設、医療・福祉施設、マンションや住宅など様々な分野に特化して活動している例もあります。設計事務所に土地活用を相談することは、建築会社に相談することと同様に、やはり建築を前提にした相談になりがちです。また、個人住宅と賃貸住宅では、入居者ニーズを捉える視点で大きく違いますので注意が必要です。

税理士・会計事務所系による土地活用のコンサルティングもあります。オーナーさんがいつもの顧問の先生に相続対策や確定申告など節税を相談した延長線で、土地活用の提案を受けるケースが多いのですが、そのままハウスメーカーや建設会社の斡旋に留まってしまい、入居者ニーズや満室経営に至るまでの事業の成功にまで気を配ってくれないこともありますのでご注意ください。資産税を得意とした個人事務所から、株式会社日本財産コンサルタンツ、税理士法人タクトコンサルティングのような規模の大きい事務所まで多くの専門家が相談業務を行っていますが、実際は土地

資料2－2　「コンサルティング系パートナー」

コンサルティング系パートナーの種類と特徴	
設計事務所	デザイン性に優れたプランを提案するのが得意。意匠デザインが主で、構造計算や設備設計はアウトソーシングする事務所も多く、コーディネート能力があるかどうか、賃貸経営を分かっているかがポイント。
税理士事務所 会計事務所	節税対策や相続対策などの税務を核にしながら、有効活用に力を入れているところは、様々な事業手法に精通している。建築系の会社とのパイプをもち、共同で事業を提案するケースも多い。
コンサルティング会社	賃貸住宅の建築にとどまらず、相続対策、権利調整アドバイス、建築会社比較、プランニングサポートなど幅広い視野から中立的なアドバイスをし、事業全体のコーディネートを行う。セカンドオピニオンとして相談するケースもある。

活用の得意な税理士は少ないのが実状です。
　不動産コンサルティング会社は、土地活用から、権利調整、生前対策、相続対策、土地賃貸借、賃貸管理、売買など、不動産に関する様々な相談業務を行っており業種・業態は千差万別です。専門的に土地活用相談を受けている会社は、都内だけで１００社以上あると言われています。過去の相談実績・土地活用実績、専門知識、保有している専門資格などを確認しながら相談されると良いと思われます。

（2）不動産系パートナー

　不動産系パートナーの宅地建物取引業は、更に売買系と賃貸系があります。また、賃貸系不動産会社は賃貸入居者の斡旋を主力業務とする賃貸仲介会社と、入居者および建物の管理を主力とする賃貸管理会社とに分かれます。客付けを得意とする仲介会社より、賃貸管理会社の方が入居者ニーズについての市場調査はしっかりと行っており、結果として入居者募集も得意としているので土地活用の相談にも的確に対応してくれることが多いようです。ただ、「建物ができてからが自分たちの仕事」

資料２－３　「不動産系パートナー」

不動産系パートナーの種類と特徴	
賃貸仲介会社 賃貸管理会社	仲介会社は入居者募集や更新、管理会社は日常の管理運営をしているため、入居者との接点があり、最前線のニーズを把握しているため、ユーザー目線によるプランの提案が魅力。ただし、提案力については会社の実力に差がでる。

という認識の会社も多く、事業収支のチェックや建築会社の事業プランの検討については、必ずしも積極的に協力してくれる訳ではありません。土地活用を積極的にPRしている賃貸管理系の会社がお勧めです。

(3) 金融系パートナー

低金利政策の下、優良な貸付先が不足している金融機関は、都市銀行・地方銀行・信託銀行がこぞって個人向け住宅ローン、土地オーナー向けアパートローン取り組みに力を入れています。この傾向は銀行に限ったものではなく、信用金庫、農協、生損保会社、ノンバンクまで、多くの金融機関が取り組んでいます。毎月のように、「相続税対策セミナー」「土地活用相談会」などを開催して、土地活用相談業務に積極的に取り組んでいます。以前では、不動産兼営が認められている信託銀行およびメガバンク中心であったものが様変わりと言えます。担当者や支店長が2～3年で異動するため、責任体制には疑問があります。

資料2－4　「金融系パートナー」

金融系パートナーの種類と特徴	
都市銀行 信託銀行 信用金庫など	リテール部門に力をいれている銀行では、コンサルティング部門をもち、単に融資をするだけでなく、資金計画や税務対策のアドバイス、設計事務所や建設会社とのコーディネートまで手がけるケースが増えている。若干、小回りが利かない。

4．公的機関系パートナー

（一財）首都圏不燃建築公社では、オーナーが住宅金融支援機構等の融資を受ける際の保証業務を行っているが、計画立案時から設計事務所へのプラン依頼、建築資金相談、施工会社への見積依頼、賃貸管理会社の選定までの総合コンサルティングまで行っています。（一財）住宅開発改良公社も同様です。

（公社）全国賃貸住宅経営者協会連合会では賃貸経営者の立場から土地活用相談に対応してくれますし、また土地活用プランナーの育成に力を入れている（公社）東京共同住宅協会はニュートラルな立場からコンサルティングに取り組んでいます。ただ公的機関の性格から、信頼ができて儲け本位でないまじめな対応をしてくれますが、「相談を受けたら答える」という受け身のスタンスになる場合もあり得ます。

5．非建築系パートナーの特徴

非建築系に相談することの第1のメリットは、「建てるべきか、建

資料2－5　「公的機関系パートナー」

公的機関系パートナーの種類と特徴	
公益団体 公社など	パブリックな立場で取り組んでいるため、信用のある手がたい提案が出てくる可能性あり。（一財）首都圏不燃建築公社、（一財）住宅改良開発公社、（一財）高齢者住宅財団、（公社）全国賃貸住宅経営者協会連合会、（公社）東京共同住宅協会、NPO法人賃貸経営110番などがある。建築会社も信用を重んじ、丁寧に対応してくれるメリットもある。

てないべきか」という最初のステップから検討を始められることです。「まずマーケティングから入る」ということが、土地活用の鉄則です。

第2のメリットは、土地活用の事業プランについて、比較検討が可能な複数の選択肢を提供してくれることにあります。その意味で建築会社を1社しか斡旋してくれないところは問題です。特定の建築会社と提携をして、斡旋報酬を受け取るケースがあるからです。単に付き合いのある建築会社を斡旋するだけではなく、オーナーさんの立場で、どんな建築会社がいいのか比較検討してコーディネートしてくれたり、特定の建築会社に肩入れせずに中立的な立場からセカンドオピニオンを出してくれる専門家が、良いパートナーであるといえるでしょう。

建築系の会社は工事で利益を出すことを前提にしていますから、別枠でコンサルティング料をとることはありませんが、非建築系のコンサルティング会社の場合、基本的に有料となり、会社によって1～5％程度のコンサルティング料が必要となります。

コンサルティング料の相場はあってないようなものです。安いところでは数十万円から、高いところでは事業費の5％まで、千差万別です。土地活用専門のコンサルティング会社の場合、一般には事業費の3％程度です。不動産管理会社あるいは賃貸系コンサルティング会社の場合は、建築工事よりもその後の賃貸管理の受託をメインに考えています。そうした場合、建築後の賃貸管理を任せることを条件に、建築費の1～2％程度のコンサルティング料でアドバイスしてくれるケースもあります。同様に税理士・会計士事務所なども、建築工事のコンサルティング料は抑える代わりに、税務顧問として別枠で利益を得るというケースもあります。こうしたサポート的なコンサルティング会社に比べると、信託銀行など金融系のコンサルティング料はやや高止まりで、責任を負わない紹介が見受けられます。

ただ、業界事情にくわしい専門家が建築コストや融資条件を交渉してくれる効果を考えると、事業費の３％程度の金額は十分に吸収することが可能です。むしろ必要経費として相談料を見込んでも、コンサルティング会社や賃貸系を入れた方が、全体としてコストバランスのとれた付加価値の高い出来上がりになるケースが多いでしょう。

建築会社が提案してくる事業プランについても、専門家の立場から意見を聞けることを考えると、やはり非建築系を選ぶメリットは大きいといえます。賃貸経営に乗り出すかどうかは、ご本人の人生を決定してしまう大問題なのです。一歩間違えれば大変なことになるという認識の下に、中立的な参考意見を聞いた上で決断することが求められます。

■チェックリスト4　パートナー選び

□今までに、土地活用を勧められたことがあるか
□既に土地活用をした経験があるか

□土地活用を提案しに来た飛び込み営業マンはいるか
□土地活用を相談できる専門家に知り合いはいるか
□ハウスメーカー、ゼネコン、工務店に知り合いはいるか
□この10年間で、建築工事を発注した経験はあるか
□確定申告作業を依頼している税理士・会計士事務所はあるか
□この10年間で、相続を経験したことがあるか
□業務を依頼している賃貸仲介会社、賃貸管理会社はあるか
□メインバンクは決まっているか
□土地活用をテーマにしたセミナー等に参加したことがあるか

第二節　建築会社はどうやって選ぶの？

【事例】建築会社選びで失敗した事例（倒産の悲劇）

●ケース1　契約直前で変更

あるオーナーさんはもともと酒屋さんで、借地に住居兼用の店舗を構えて営業していました。借地だったその土地を地主から5000万円で買い取り、店を取り壊して賃貸マンションを建てて、賃貸経営を始める計画を立てたのです。事に当たってはまずハウスメーカー2社に相談し、それぞれの会社にプランを出させて、2年がかりで1社に絞りました。

ところがいよいよ契約という段になって、オーナーさんはたまたま新聞の折り込み広告で「坪45万円で土地の有効活用」という宣伝文句を見て、「ずいぶん安いな」と思いました。なぜそんなに安いのか興味を覚え、その会社の営業マンに話を聞いてみることにしたのです。

2社との2年にわたる折衝の間に、建築プランも細部まで固まっていたので、電話を受けてやってきた営業マンにそれをぶつけ、「おたくならいくらでできる？」と値段を聞いてみることにしたのです。契約しようとしていたハウスメーカーの建築費は約2億円でした。ところがそれに対して新たに呼んだ会社は、「うちなら同じ仕様で、1億5000万円で建てられますよ」と言うではありませんか。

5000万円も差があると聞いて、オーナーさんは心が動きました。そして2年間も交渉を続けてきたハウスメーカーを切って、安い方の会社に建築を任せることにしたのです。建築工事の頭金は5000万円。

手元に資金のないオーナーさんは、底地の買取代金5000万円とともに頭金の5000万円分、合わせて1億円を銀行から借り、土地を買い取り、契約した建築会社に頭金を払い込みました。そして既存の建物が取り壊され、賃貸マンションの建築が始まったのですが……。

なんとこの建築会社、着工から10日後に倒産してしまったのです。現場では工事の進行がストップし、仰天したオーナーさんが電話しても、建築会社にも営業マンにも連絡がとれなくなっていました。

オーナーさんは既に店舗兼住居を取り壊して、酒屋の仕事はやめてしまっていたので、収入はゼロの状態です。工事の間だけのつもりで仮住まいに引越していたので、その家賃の支払いが毎月かかります。手元にまとまったお金はなく、銀行への借金は1億円。しばらくすればその返済も始まります。

この状態で予定通り賃貸マンションを建てようと思えば、改めて建築費全額相当の融資を受けなくてはなりません。一度は断ったハウスメーカーに改めて頼むとしたら、更に2億円の借入れが必要です。オーナーさんは悩んだ末に計画を中止して、更地になった土地を売ることにしました。

借地権のついていた底地を所有地にして借地権を解消したので、1億5000万円で売れましたが、その代金で銀行からの融資金1億円を返すと、手元に残ったのは経費を引くと3000万円。

契約直前の浮気心で頼むべき建築会社を見誤ったオーナーさんは、こうして破産こそ免れたものの、家もなく土地もなく生活の手段も失い、これからの生活設計が成り立たない状態に陥ってしまったのでした。幸い、ご子息家族が近くに住んでおり2世帯住宅の購入をお勧めして生活設計の再構築を図り、今ではお孫さんとも一緒に慎ましやかに暮されておりますが、建築会社選びは最も重要なポイントの一つと心得てください。

●ケース2　銀行紹介の会社が倒産

都市部の繁華街界隈の大地主のオーナーさんがいました。こちらのオーナーさんは高齢の女性でしたが、所有する土地の一部に、自分も入居するつもりで鉄筋コンクリート造5階建ての賃貸マンションを建てることにしたのです。

オーナーさんは付き合いのあった大手都銀に、よい建築会社はないかと相談し、中堅クラスのゼネコンを紹介されました。建築計画がまとまり、オーナーさんは紹介された建築会社と契約、銀行から融資を受けて、着工時にまず1億2000万円を払い込みました。ところがこのゼネコンが、基礎工事をしている途中で経営破綻してしまったのです。工事は着工したばかりでストップしてしまいました。

このゼネコンは破産ではなく、会社更生法を申請しました。会社更生法というのは、経営破綻した会社を再生するための法律です。会社が生き残ることを最優先するため、それまでに借りていた借金、債務の類を一気に切り捨ててしまいます。会社更生法を申請されたら、その会社に対する債権のうち1割が戻ってくればいい方というぐらいで、銀行からの借金はもとより、下請けへの未払いの代金、施主から受け取っていた代金なども、まとめて反故になってしまうのです。

おそらく紹介した都銀も、融資先であったこの会社の倒産で大損害を被ったでしょう。それでも大銀行であれば少々の損害には耐えられますが、個人はそうはいきません。着工金を支払った直後に建築会社の破綻で工事が止まってしまったオーナーさんは当然、紹介してくれた都銀に抗議しました。

都銀の返事は、支店長が「担当レベルで紹介しただけ。その後のことについては一切、オーナーさんの自己責任なので責任は負えません」というものでした。

解決策の手段としては、他のゼネコンに声を掛け、資産の洗い出しをして、アパート建築予定地以外の土地を処分し、そのお金でなんとか工事を完成させました。プラスして設計プランもより魅力的になるように変更し、若干の賃料UPも実現できましたので、一時は寝込んでいたオーナーさんもようやく前向きな気持ちになっていただきました。これはオーナーさんが大地主であったからできたことで、1億円以上も払った後で工事が止まってしまったら、普通の人なら確実に破産していたでしょう。

金融機関は日頃から取引先企業についての信用調査を行っており、問題が起きそうな場合の情報もいち早くキャッチできる立場にあるのですが、このような倒産寸前の建築会社を斡旋してくる場合もあるのです。そしてその会社が実際に倒産しても、何の責任もとってはくれないのです。

1．建物により異なる建築会社―ハウスメーカー、ゼネコン、工務店

(1) 賃貸住宅建築の担い手

建築系パートナーには、「ハウスメーカー」「ゼネコン」「工務店」という3つのカテゴリーがあることを説明しました。では、実際にどのような会社が賃貸住宅建築で、どの程度の着工

実績をあげているのか具体的に見てみましょう。

この表は、全国賃貸住宅新聞が発表した「賃貸住宅に強い建築会社、エリア別年間着工数ランキング」を基に作成したものです。このランキングを見ると、賃貸住宅に特化した建築会社、地場に根ざしている建築会社・工務店の健闘ぶりがよく分かると思います。以下では、３つのカテゴリー毎に、それぞれの特徴を見てみましょう。

(2) ハウスメーカーのメリット・デメリット

個人オーナー向けの賃貸住宅の建築でもっとも数が多いのがハウスメーカーです。とりわけ大手ハウスメーカーは自社内で常に商品開発を続けており、長年の間の研究で蓄積された技術が商品に反映されているため、耐震性、耐火性、耐久性、遮音性など品質面は高いレベルにあるといえるで

資料２－６　「貸住宅に強い建築会社　年間着工数ランキング」

会社名	所在地	棟数	戸数
生和コーポレーション	大阪府大阪市	215	5,151
シノケンハーモニー	東京都港区	373	3,073
フジ住宅	大阪府岸和田市	221	2,774
日本住宅	岩手県盛岡市	568	2,546
金太郎ホーム	千葉県千葉市	142	2,280
上村建設	福岡県福岡市	―	1,544
MDI	東京都中央区	109	1,357
川口建設	福岡県北九州市	21	1,205
サン建築設計	北海道札幌市	54	1,072
アイケンジャパン	福岡県福岡市	113	778
信和建設	大阪府大阪市	12	654
クラスト	東京都千代田区	56	654

【出典】全国賃貸住宅新聞2020年6月22日号に基づき作成

しょう。デザインや設備についても、時代の流行にあった建物を提供しています。

大手ハウスメーカーでは鉄骨や外壁材など建物の部材が厳しい品質管理の下で生産されていて、工事現場では基本的にそれらの部材を組み立てるだけです。組み立てもマニュアル化され、職人による差が少なくなっています。このため、建物としての品質が安定しているという特長があります。注文建築の場合、現場での施工次第で完成品質に差が出てしまう恐れがありますが、ハウスメーカーの場合はその心配はほとんどないし、仮に問題があってもすぐに対応してくれます。

反面、工場生産なので、変形敷地への対応力や設計の自由度などについては、注文住宅ほどの応用力はありません。ただ、最近はハウスメーカーも土地の形状や顧客ニーズに合わせた幅広い土地活用のメニューを用意しつつあり、ゼネコンと同様に鉄筋コンクリート造のオリジナル設計に対応できる部門もあります。また見積もりがコンピュータ化されており、工務店や設計事務所に頼むより、見積もりの見落としや設計の見落としが少ないことも利点です。

資料2－7　「ハウスメーカーの賃貸住宅　年間着工数ランキング」

会社名	所在地	棟数	戸数
大東建託	東京都港区	6,905	53,415
大和ハウス工業	大阪府大阪市	—	33,502
積水ハウス	大阪府大阪市	3,566	27,798
東建コーポレーション	愛知県名古屋市	1,331	10,662
レオパレス21	東京都中野区	163	2,095
パナソニックホームズ	大阪府豊中市	—	5,537
積水化学工業	東京都港区	710	—

【出典】全国賃貸住宅新聞2020年6月22日号に基づき作成

建物は建築後のメンテナンスが重要ですが、後々の修繕などを考えたとき、アフターサービス体制がしっかりしていない会社に頼むと、メンテナンスにお金がかかってしまいます。この点でも、ハウスメーカーは比較的安心です。また大手ハウスメーカーはどこも信用度が高く、倒産の心配がほとんどないこともポイントです。営業マンも、もちろん人により違いますが、概して紳士的です。少なくとも約束したことはきちんと守ってくれるという信頼感があります。

ただしコスト的には、やや高くなります。一流メーカーほど、価格も一流になります。大手に比べると、新興・後発のハウスメーカーはディスカウントが望めますが、私自身は様々な利点を考え合わせると、現在の大手ハウスメーカーの建築費が割高であるとは思いません。

工法はメーカーによって違いがあり、木造プレハブ、ツーバイフォー、軽量鉄骨、重量鉄骨など、それぞれ得意な工法があり、その工法が適した建物の種類や規模があります。大手ハウスメーカーならどこでも同じというわけではなく、やはり自分の求める土地活用を得意とするメーカーがどこか、考えた上で声を掛ける必要があります。

(3) ゼネコン、工務店のメリット・デメリット

工場生産の規格部材を組み立てて建てるハウスメーカー製の建物に対して、木造在来工法や鉄筋コンクリート造で建てた建物を注文建築と言い、ゼネコン、工務店がその役割を担ってい

ます。工業化された規格住宅以外のオリジナル建築という言い方をしてもいいかもしれません。

注文建築は、建物や賃貸経営にこだわりをもつオーナーさんが、デザインやプランについて一般の物件と差別化したり、独自のコンセプトを打ち出す場合にお薦めです。また大型ビルなど鉄筋コンクリート造の注文建築の場合は、ハウスメーカーでは対応できないことが多く、ゼネコンが中心となります。

ゼネコンは「General Contractor」の略で、「建築関係の仕事を一通りやっている、総合建築業」といったほどの意味です。この反対が「サブコン」で、基礎工事専門だったり、型枠専門など、建築工事や資材の一部に特化した建築関係の会社です。ゼネコンだからと言って大会社というわけではなく、大手の他に準大手、中堅、中小、零細のゼネコンもあるのです。

建築関係は一通りやっているといっても、ゼネコンにもやはり得意分野、不得意分野があります。この点は大手であっても中小であっても同じです。ゼネコンの仕事は大きく官公需と民需に分かれ、それぞれ建築と土木に分かれます。民間建築と民間土木、官公庁建築と官公庁土木の4つで、会社によってそのどれかが得意分野なのです。賃貸経営で建築を頼む場合には、まず民間建築が得意なゼネコンであることが大前提で、その上で頼もうとする規模の工事で多数の建築実績がある会社を選ばなくてはなりません。

どのゼネコンが適しているのかオーナーさん自身ではわからない場合は、コンサルティング会社など第三者に相談することをお勧めします。

その分野が得意というゼネコンを選んだ場合でも、実際の工事の出来は、現場によってばらつきがあります。現場の出来の良し悪しを決める最も重要な要素が、工事現場を取り仕切るリーダーである「現場長」の力量です。会社の規模や名前ではなく、現場長の腕次第といっていいでしょう。規模の大きな現場には現場長が専任でつきますが、小さな現場では1人の現場長がいくつもの現場を掛け持ちしています。

良い現場長に出合えば、すばらしい建物になります。逆にダメな現場長の仕切る現場は荒れてしまい、建物にも問題が出てきます。良い現場長の条件は、経験、知識、知恵、そして人間性とリーダーシップです。中には自分の子供を育てるように現場を愛し、完成すると涙を流すような、すばらしい人柄の現場長もいます。反対に、ただ上から言われるままに工事を進めているだけの現場長もいるのです。

私はある大手ゼネコンの現場で、大学を出たばかりのいわゆる「ぺーぺー」の社員が現場長を勤め、職人たちからアゴで使われているのを見たことがあります。こうした現場では職人たちの統率が取れなくなり、規律が乱れて、建物の質も落ちてしまいます。

近隣に対する配慮なども、現場の責任者によって全く違います。毎日の作業の後にきちんと清掃していない現場もあれば、現場だけでなく近隣の家の前まで毎日掃除してくれる現場もあるのです。建築現場の場合、工事騒音へのクレームが寄せられがちですが、クレームがきてから対応するか、クレームが出る前に近隣へこまめに挨拶してフォローしていたかでは、その後の展開が全く違いますし、ご近所でのオーナーさんへの評判も違ってしまいます。問題は、オーナーさんは会社を選べても、現場長までは選べないことです。

現場長の誰が良くて誰が良くないかなど、普通の人には分かりません。業界関係者であっても、実際に付き合ってみるまでは、その現場長の力量はわからないのです。オーナーさんが知り合いのいるゼネコンに工事を依頼して、「いい現場長をつけてよ」と頼むこともできますが、どのゼネコンも社内の規則や組織で動いていますから、よほど強いコネクションがない限り特例扱いしてもらうのは難しいと思います。また大手ゼネコンの場合、下請け、孫請けを現場で使うのは普通のことなので、どんな職人が来るかは現場によって変わってしまうわけで、それによる工事品質のバラツキも出てきます。

このことは一般の工務店でも同じです。工務店の現場では職人、特に大工さんの腕が建物の出来に響いてきます。また個人住宅建築のノウハウしかないところは要注意です。賃貸住宅の施工経験が豊富で、地域の入居者ニーズに明るいところに依頼するのが鉄則です。個人経営の工務店に任せる場合、口頭での約束が多く、発注の時点できちんとした図面や契約書ができていないケースもあります。完成してみたらオーナーさんのイメージするものとはほど遠い建物になっていたり、当初考えていたより金額が高くなってしまったという相談も多いのが現状です。設計上のトラブルを未然に防ぐためには、話し合いの結果を互いに書面で残しておくことが大切です。

賃貸住宅建築工事の場合、入居者が生活を始めてから問題点が発覚することが多く、改善を求めても既に工事代金を払ってしまっているために泣き寝入りするケースもあります。ゼネコンや工務店に頼んで良い建物ができるかどうかは、いい現場長、いい大工さんに当たるかどうかという運次第の面があるのです。

資料2―8　土地活用に強い建築会社

ハウスメーカー系

◆大和ハウス工業　【主力商品：軽量・重量鉄骨系住宅、木造系住宅など】

連結売上高4兆円超、日本の建設・不動産業界のトップをひた走る。1955年の創業以来、工業化建築のパイオニアとして住宅や集合住宅から商業施設、物流施設まで多彩な事業を手掛けている。

・資本金　1616億円　・売上高　4兆3802億円　・年間販売戸数 戸建5917戸、分譲2066戸、賃貸33502戸／2019年度

◆積水ハウス　【主力商品：軽量・重量鉄骨系住宅、木造住宅】

世界一の累積建築戸数を誇るハウスメーカーの雄。戸建てから賃貸住宅、マンション等に展開。国内外で不動産開発も行う。賃貸住宅にも強く、誠実な営業さんも多く見受けられる。

・資本金　2025億円　・売上高　2兆4151億円　・年間販売棟数 戸建8793棟、分譲2014棟、賃貸3566棟／2019年度

◆積水化学工業　【主力商品：鉄骨系住宅、木質系住宅】
1971年に世界初のユニット住宅を販売して以来、柱と梁を溶接し、一体化したユニットを積み重ねた「ボックスラーメン構造」の独自のユニット工法を採用。太陽光発電や子育てファミリーにも注力。
・資本金 1000億円　・売上高 5129億円（住宅カンパニー）・年間販売数 戸建10200戸、賃貸710棟／2019年度

◆旭化成ホームズ　【主力商品：鉄骨系住宅】
鉄骨、ALCコンクリート・ヘーベルを使った高精度、高耐久の住宅工法を実現し、業界に先駆けて50年長期点検を実施。賃貸住宅では、高い資産価値を長期にわたり持続するロングライフ「ヘーベルメゾン」を提案。
・資本金 32・5億円　・売上高 6493億円　・年間販売戸数 戸建9111戸、賃貸7121戸／2019年度

◆住友林業　【主力商品：木造軸組工法（木造在来工法）】
木造在来工法ではトップのハウスメーカー、自社保有林からの国産木材を使っており、その高品質の素材と施工は一流と言われている。木造ならではの温かい木のぬくもりを感じることができる。
・資本金 327億円　・売上高 1兆1040億円　・年間販売数 戸建7427棟、賃貸959戸／2019年度

◆三井ホーム　【主力商品：ツーバイフォー住宅】
ツーバイフォー住宅のリーディングカンパニー、木造でありながら耐震性・耐火性・居住性に優れており、特にお洒落なデザイン、センスの良さは抜群。三井グループとしての誇りがあり紳士が多い。
・資本金１３９億円　・売上高１６６３億円　・年間販売戸数３４８１戸／２０１９年度

◆トヨタホーム　【主力商品：鉄骨ユニット・軸組工法、木造住宅】
トヨタ自動車住宅事業部として設立され、２００３年に独立。「建てるときの安心」「建てたあとの安心」「支える安心」の３つの安心を経営理念としている。戸建・賃貸のほか、ストック、マンション、特建と多角化。
・資本金１２９億円　・売上高５６４１億円　・年間販売戸数４１２２戸／２０１９年度

◆ミサワホーム　【主力商品：木質パネル住宅（基本は壁構造）、木造軸組住宅】
木質系プレハブ住宅のトップハウスメーカー、商品開発能力が非常に高く、蔵のある家やデザインに優れた住宅、コンセプト型など、豊富な商品、耐震や耐火、セキュリティの研究も欠かさない。
・資本金１１８億円　・売上高３９９３億円　・年間販売戸数 戸建６１０７戸／２０１９年度

◆パナソニックホームズ　【主力商品：軽量鉄骨パネル工法・鉄骨ラーメン構造】
松下幸之助イズムを継承した、真面目で誠実な社員が多く、賃貸住宅の提案力にも定評。高品質のパナソニック商品（水回りや照明・建具など）を上手に活用している。最近は、Ｖｉｅｕｎｏで賃貸住宅の多層化を目指す。
・資本金２８３億円　・売上高３５７４億円　・年間販売戸数戸建４２６８戸／２０１９年度

賃貸住宅ビルダー系（ＲＣ／鉄骨／木造）

◆大東建託　【主力商品：木造、２×４、鉄骨、鉄筋コンクリート住宅など】
アパート、マンション、貸店舗、貸工場・倉庫及び貸事務所等の建設を行い、賃貸住宅建築戸数Ｎｏ．１を誇る。35年一括借り上げの賃貸経営受託システムで、管理戸数１１０万戸以上を有している。
・資本金２９０億円　・売上高１兆５９１１億円（グループ連結）・年間販売　賃貸６９０５棟、５３４１５戸／２０１９年度

◆生和コーポレーション　【主力商品：鉄筋コンクリート造、２×４、鉄骨】
鉄筋コンクリート造の中・大型賃貸ビルを得意とし、土地活用一筋50年、累計着工戸数10万戸超をキャッチフレーズにしている。東京・大阪の２本社体制で、松岡修造さんのＣＭでおなじみの会社。
・資本金20億円（グループ連結40億円）・売上高１３５６億円（グループ連結）・年間販売戸数 賃貸２１５棟、５１５１戸／２０１９年度

◆スターツコーポレーション【主力商品：2×4、鉄骨、鉄筋コンクリート造】

不動産業から建築業に進出し、現在では金融、出版、ホテル、高齢者支援・保育等も行い、〝総合生活文化企業〟を標榜している。主力は建築、不動産、管理事業だが、都市開発事業にも進出。管理戸数69万戸で、賃貸仲介ではピタットハウスとして知られている。

・資本金110億円　・売上高2090億円

◆高松建設【主力商品：鉄筋コンクリート造】

創業100年を超える老舗のゼネコンで、賃貸マンション、ホテル、高齢者施設、病院・医療施設、店舗、オフィス、工場など幅広い土地活用事業で定評がある。青木あすなろ建設、金剛組など20社で高松コンストラクショングループを構成している。

・資本金50億円　・売上高863億円

（注）この資料は、住宅新報2020年6月2日号、住宅産業新聞同年6月25日号および各社ＨＰ等を参考にして作成。

2. どうやって建築会社を選定するか？

(1) 展示場、現場見学会などのモデル賃貸住宅を見に行きましょう

一般個人の方がご自宅を新築したり建て替えようとするとき、「飛び込みの営業マンに勧められたから決めました」ということは、ほとんどありません。住宅展示場に行って多くのハウスメーカーの建物を見てみたり、現場見学会に行ってみたり、工場見学会に参加したりして、多くの候補の中から比較検討しながら建築会社を選定しています。

ところが賃貸住宅建築では、「飛び込みの営業マンに勧められたから決めました」という方が、かなり多数いらっしゃいます。利用していない土地、駐車場、古くなって建て替え時期が近付いているアパートなどをお持ちの方に飛び込み訪問をしたり、登記簿謄本を調査して所有者を特定した上で狙い撃ちの訪問をしているのです。儲かるように見える事業計画書に興味を惹かれたオーナーがいれば、自社で施工中のアパート・マンション現場、完成したばかりの建物などを見せて結論を求める営業手法が中心を占めていました。多くの候補となる建築会社を比較検討した上で、賃貸住宅建築の依頼先を決める方法ではありませんでした。

今までは住宅展示場と言えばマイホーム中心で、賃貸住宅があったとしてもせいぜい小規模

な賃貸併用住宅しか展示されておらず、いくつもの賃貸住宅を見ながら比較検討することはできませんでした。ところが、新築住宅着工戸数がピーク時から半減していること、マイホーム新築戸数はそれ以上に減少していることに反して、２０１５（平成27）年から課税強化された相続税対策に有効であると、賃貸住宅建築がブームになり着工戸数は大幅に増加しています。その影響からあちこちに賃貸住宅展示場ができてきましたので、土地活用を考えられる場合は、是非一度、モデル賃貸住宅を見学して比較検討されてはいかがでしょうか。次に、賃貸住宅展示場の一例をご紹介しますので、参考にしていただきたいと思います。

　いきなり展示場などに行くと、戸建て住宅を専門とする担当者が付き、そのお客と

資料２－９　「賃貸住宅のモデル展示場」

【本所吾妻橋ハウジングギャラリー】東京都墨田区吾妻橋3-8-6　都営浅草線本所吾妻橋駅より徒歩１分

会社名	構造	階数	特　徴
積水ハウス	鉄骨造	４階	「ＢＥＲＥＯ」、店舗・賃貸併用住宅
パナソニックホームズ	鉄骨造	５階	「ビューノ５」、店舗・賃貸併用住宅
旭化成ホームズ	鉄骨造	４階	へーベル店舗・賃貸併用住宅
大和ハウス工業	鉄骨造	４階	「ｓｋｙｅ(スカイエ)」、賃貸・店舗併用住宅

【錦糸町住宅公園】東京都墨田区錦糸4-18-7　ＪＲ錦糸町駅より徒歩７分

会社名	構造	階数	特　徴
パナソニックホームズ	鉄骨造	７階	「ビューノ７」、店舗・賃貸併用住宅
旭化成ホームズ	鉄骨造	５階	中高層へーベルハウス、店舗・賃貸併用住宅
ミサワホーム	鉄骨造	５階	「アーバンセンチュリー」、賃貸・店舗併用住宅

【板橋高島平ハウジングステージ】東京都板橋区高島平7-2-1　都営三田線高島平駅より徒歩１分

会社名	構造	階数	特　徴
住友林業	木質	５階	「BFプラウディオ・耐火」賃貸・店舗併用住宅
旭化成ホームズ	鉄骨造	４階	「フレックス４」店舗・賃貸併用住宅
積水ハウス	鉄骨造	４階	「ビエナ」、店舗＋２世帯の併用住宅
ミサワホーム	鉄骨造	５階	「アーバンセンチュリー」、賃貸・店舗併用住宅

（順不同）

【ハウジングステージ新宿】東京都新宿区百人町2-2-32　ＪＲ新大久保駅より徒歩２分
【駒沢公園ハウジングギャラリー】東京都世田谷区駒沢5-10ほか　東急田園都市線駒沢大学駅より徒歩20分

して情報登録されることがあります。土地活用部門の営業成績にならず、賃貸住宅に詳しくない担当が付いたり、土地活用部門に回っても営業成績が半分になってしまうなどの社内事情を考えると、迂闊に見に行けない事情もありますので、ご注意ください。

モデル賃貸住宅を見学した場合、第一章第一節でお話しした、①マーケティングの重要性、②事業性の確認、③ターゲットの見極め・絞り込み、④入居者ニーズ、⑤コンセプトについて意識しながら、各社の商品をチェックするようにしてください。

(2) 建築費だけで建築会社を選んで良いのか

建築会社の営業マンが、「坪単価」で安さを強調してくることがあります。坪単価は建築コストの基準としてよく使われる言葉ですが、はっきりした定義がないものなので、信用しない方が無難です。例えば、延べ床面積１００坪の建物で建築費が1億円なら、坪単価は１００万円ということになります。しかし分母の１００坪がどこからどこまでを指すのかが、会社によって異なる場合があるのです。

共同住宅の場合、共用廊下、共用階段、エントランスホール、エレベーターホール、アルコーブ、バルコニー（幅２ｍまで）などを容積率計算から除外できます。ところが営業トークで床面積というときには、業者は共用廊下などすべての面積を算入して「坪単価」を計算して、表向きに単価が安いように説明することがあります。これでは「うちは坪70万円でやります」と言われても、他の会社と比べて高いのか安いのか、本当のところは分かりません。単価が安くても全体の面積を広く計算すれば、総額はかえって高くなるかもしれないのです。

新商品の発表の際はハウスメーカーなどでも、参考として「坪単価○○万円から」と紹介をしていますが、こうした坪単価には、外構、水道・ガスの引き込みの費用も、実際には必須のオプションであるエアコンや1階窓のシャッターなども含まれていないことがあります。その会社の営業マンでさえ、「どう計算してもあの値段じゃできないですよ」と言っていることがあるくらいなのです。

建築費は立地条件によっても大きく変わってきます。敷地が面している道路が狭くて大型トラックなどが入れないことを「道路付けが悪い」と言いますが、コンクリートを打つためのミキサー車が入れる広さの道がなければ、２トントラックで何往復もして運ぶことになり、格段にコストが上がってしまいます。

基礎工事も同様で、地盤が弱くて地中深く杭を打つ必要のある土地では、その費用の分、坪単価は上がってしまいます。また同じ高さのビルを建てるのでも、土地が広ければ問題は少ないのですが、30坪しかない土地に10階建ての、いわゆるペンシルビルを建てるという場合、地中深くに頑丈な基礎を打つ必要があり、施工期間は長くなり、面積当たりのコストも高くなります。

このように施工条件次第でどんどん変わってしまうものなので、「うちは坪単価いくらでやります」と言う営業マンの言葉は、信じてはいけません。またオーナーさんがその建築会社が高いか安いか知ろうとして、「おたくは坪単価いくら？」と聞いたりすることも全く意味がありません。

それに建築の場合、品質と単価は概して比例関係にあります。広告などで「坪30万円！」などと書いている場合がありますが、まともな建物を建てたいと思ったら、どうやってもそんな値段ではできません。もしその値段でやらせたとしたら、あまりの粗悪さに、出来上がってから唖然とすることになるでしょう。安いものには裏があるのです。建物は最低でも20年以上は付き合うものです。「安物買いの銭失い」だけは避けなくてはなりません。

これとも関連しますが、建築費については、あまりタイトな値下げ交渉はしないことです。無理を言うと、現場で品質的な問題が起きることがあるからです。中立的な第三者に見てもらうなどして、適正な価格かどうかを見定めたら、あとは建築費を削ることはやめるようお勧めします。

（3）社風、営業マンから信頼できる候補を絞り込む

建築プランと建築費を確定すれば、次の段階では建築工事を発注する会社の選定が必要にな

ります。どの会社に建築を依頼するかについて判断の基準となるのは、社風や営業マンの様子、そして事業プランの提案内容です。

このとき特に気を付けなくてはならないのは、飛び込み営業やテレアポ営業への対応です。日本中にはこうした営業をしている人がたくさんいて、お客様への態度だけを見ると、親切で丁寧で、元気がよくて一生懸命です。おじいさん、おばあさんの地主さんに対しては、まるで我が子のように頻繁に顔を出し、何かと気遣ってくれるので、どうしても好意を持ってしまいます。

けれども一見、誠実そうな営業マンにも、裏の顔があります。「夜討ち朝駆け」と呼ばれるような営業攻勢をかけてくるような会社の多くでは、営業マンはノルマとコミッション（歩合制）で動いています。彼らが親切なのは仕事をとるためで、オーナーさんのことを考えているからではありません。中には「オーナーさんの顔がお金に見える」などと言う人もいるくらいです。

世の中には、商品の良さではなく、営業力で売っている会社があります。口がうまい営業マンでも誠意のかけらもない人もいれば、口ベタで朴訥だけれども、誠心誠意尽くしてくれる素晴らしい営業マンもいます。けれどもいずれにしても、営業マンは建築工事をとってくるのが仕事で、現場は別の者が管理監督します。その営業マンが好きだからとか嫌いだからではなく、会社として信頼できるか、商品である建物の信頼性はどうか、そして出してきた事業プランは適切なものかといった要素を考えて、工事を頼む相手を決めなくてはなりません。

（4）決め手は提案内容です

事業プランといっても様々で、例えば事業収支計画1つとっても、自己資金ゼロという前提で作ってくる会社もあれば、勝手に自己資金３０００万円としてくる会社もあります。賃料の設定が甘いところもあれば、安全な賃料を見込むところもあります。

建物の設計プランにしても、複数の会社にプレゼンを頼むと、同じ敷地でも全く違う使い方、建物を提案してくるものです。次頁の図に示したのは変形の敷地に対する3つの会社の提案です。

ⅰ．A社：2部屋×2層＝4戸で、外階段のついた、敷地が活かされていない効率の悪いプランです。

ⅱ．B社：4部屋×2層＝8戸で、いわゆる外階段のないタウンハウスの羊羹（ようかん）切りタイプです。

ⅲ．C社：３部屋×2層＝6戸で、工夫を重ねて、全室角部屋となるコの字型のユニークな建物です。このケースではその他の事業プランも合わせて検討した結果、大手ハウスメーカーであるC社に発注することになりました。

こうした例を見ると、何社かにプランニングを頼む意味が分かると思います。

資料2－10　変形敷地に対する３つの会社の提案

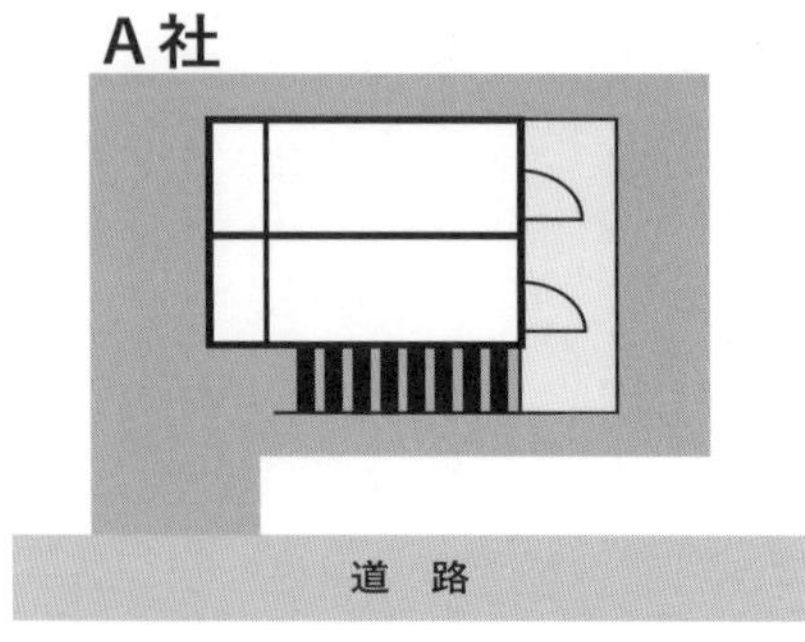

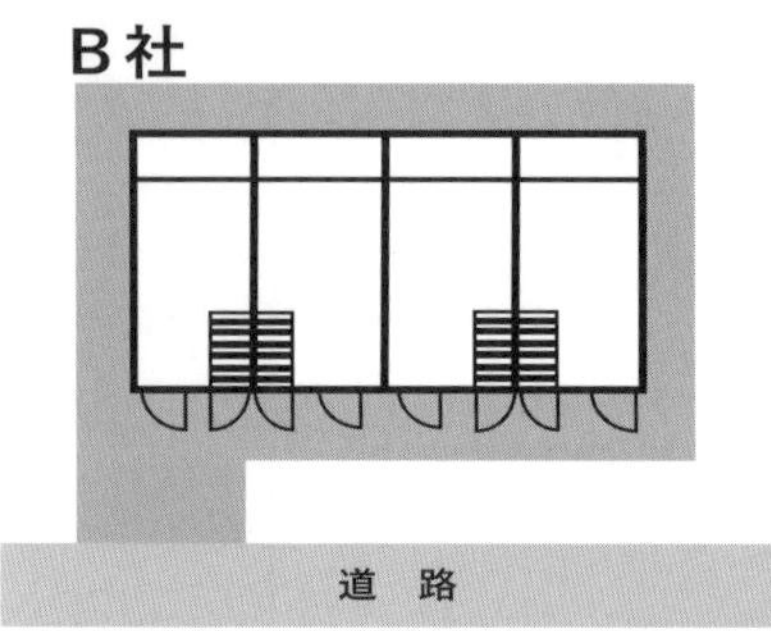

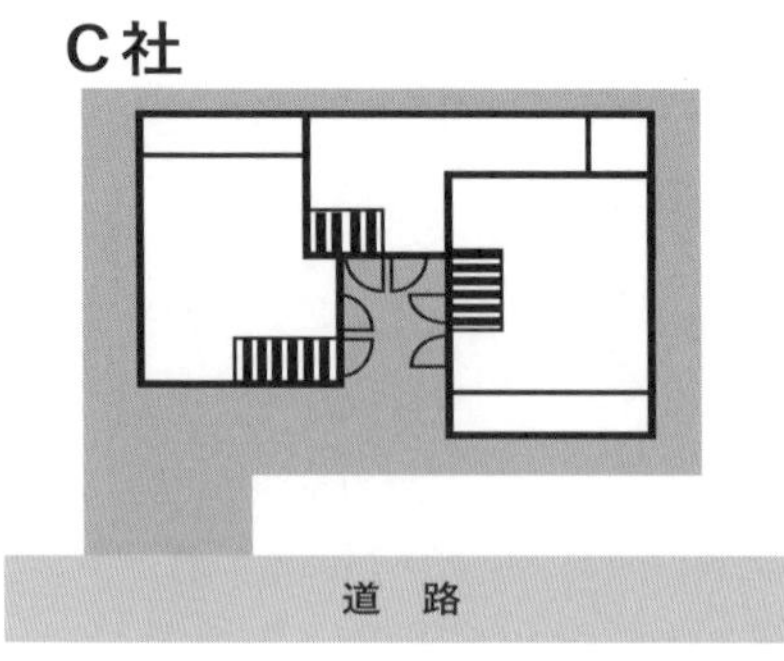

3．建築会社選定にあたっての注意点

（1）多くの会社に声をかけすぎないこと

建築会社選定にあたっては、最初に声を掛ける段階で数社に絞り込んでおくことをお勧めします。比較検討する対象がないと、そのプランが優れたものなのかどうか、オーナーさんには判断できませんが、かといってあまりたくさんの会社に声を掛けるのも問題があります。各社ばらばらのプランの良し悪しを比較するのには、相当な労力を必要とするからです。

基本プランの説明だけで、最低でも1社あたり3回は打ち合わせが必要です。もし10社に声を掛け、3カ月で全て話を聞くとしたら、合計で30回、3日と置かずに打ち合わせを続けなくてはなりません。そんなことをしていたら体が保ちませんし、頭が混乱して正しい判断もできなくなってしまいます。

あるオーナーさんは、最初に3社に声を掛け、それから5社、さらにまた6社に声をかけ、提案書が段ボールいっぱいになって、そのうち訳が分からなくなって、私に相談に来られました。実際に20社に声を掛けたものの、面倒になって結局、建築をやめてしまったオーナーさんもいました。これでは建築会社の担当が気の毒というものです。

建築会社に声を掛ける前には、まずオーナーさんご自身でそれぞれの建築会社について研究し、自分が活用しようとしている土地の広さや立地条件に合う建築会社を選ばなくてはなりません。周囲に7～8階以上のビルばかり並んでいるような幹線道路沿いの広い土地の活用について、一般住宅工事の経験しかない中小工務店に声を掛けるのは間違っていますし、逆に、閑静な住宅地にあっていかにも2階建てぐらいのアパートが似合いそうな地域で1部上場のゼネコンに声を掛けるのも的外れです。

それぞれの業者の得意分野を見定め、また社風が自分と合うかどうかを考えます。建築会社にしても、よその会社がどれくらい出入りしているかは大体の見当がつきますから、あまりその数が多いと次第に「勝手にしてくれ」となってきます。競わせる会社の数が多くなるほど、価格での競争になり、営業マンの嘘やオーバートークが入り込みがちになります。節操がないと感じたオーナーさんには、建築会社も誠実な対応はしてきません。値段のたたき合いになってしまうと、建築会社の方も無理をした値段をつけてきますが、そういう計画に乗ってしまうと、後になって追加工事が必要になったり、欠陥住宅ができてしまう可能性が高まります。

(2) 信用調査を行うこと

バブル崩壊、リーマンショックなどの経済危機では建築・建設会社の大型倒産が発生し、取引企業だけでなく工事発注をしている個人・法人にも多大な損失を与えることがあります。景気の落ち着きとともに、建築・建設業の倒産件数も大幅に減少し、２００２（平成14）年の５１１３件から２０１９（令和元）年には１４４４件と１／３以下にまで減少しています。このような状況では、建築会社と建築工事請負契約を締結する場合、それ程、神経質になる必要はないとは言えますが、何千万円、何億円にもなる金額での契約であることには変わりありません。工事請負契約前のオーナーさんには、建築・建設会社の信用チェックを是非やっていただきたいと思います。

建築会社の選定は事前のリサーチが大事です。一般の人にも名前が知られているような大手のゼネコンやハウスメーカーはともかくとして、中小の工務店や新興メーカーなどに工事を依頼する場合、必ず信用調査をすべきです。

工事の現場は、基本的に建築会社のものです。その建

資料２－１１　「倒産件数の推移」

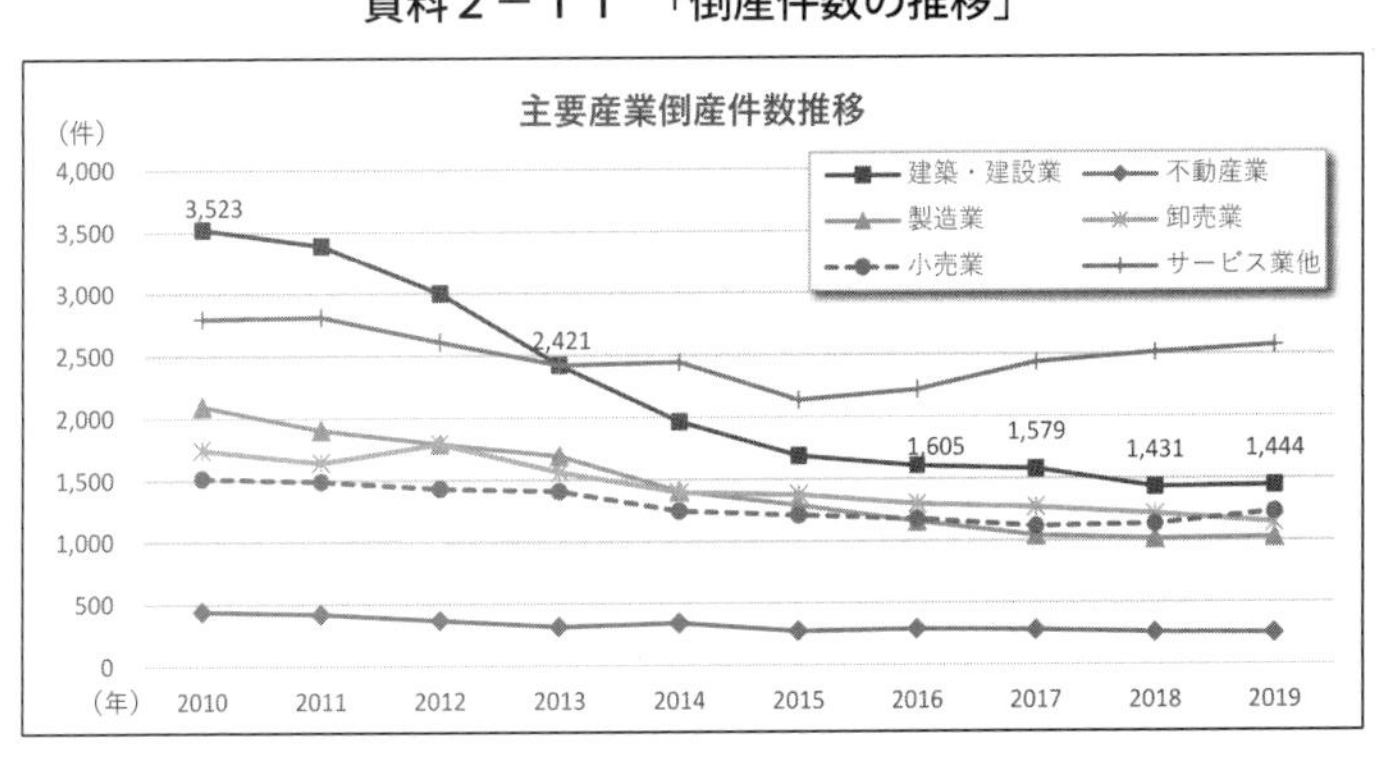

【出典】株式会社 東京商工リサーチ「年間 全国企業倒産状況」に基づき作成

築会社が倒産した場合、工事が中断されてしまうのはもちろん、未払いの賃金を要求して、職人たちが現場を占有してしまう場合もあります。ハウスメーカーでも中小零細の倒産は珍しいことではありません。ゼネコンの倒産も珍しいことではありません。ゼネコンといっても、一般の人が名前を知っているような大手だけではないのです。

どうすればこうした被害を避けることができるでしょうか。会社の財務体質を知ることが必要ですが、建築会社の営業にいくら聞いても、「うちの会社は危ないです」とは絶対に言いません。まずは契約前に1～2度、相手の会社を訪問して様子をみておきましょう。

インターネットを使い、その会社の名前を検索して評判を調べることもやっておくべきです。インターネット上には無責任な噂のたぐいも多いので完全に信用してしまうことはできませんが、他の同規模の会社に比べて特に悪評が多いようなら、問題のある会社とみることができます。

業界大手であっても、必ずしも良心的とは限りません。ネットで検索すればあまり評判がよくない会社はすぐに分かります。ネットで悪評を見つけたら、それについて業者に質問してみましょう。しっかりした答えが返ってくるのか、それともあやふやな返事しかないのか。後の方でしたら要注意といえます。上場企業やその関連会社であれば「ＩＲ情報を出してくれませんか」と直接聞いてみるのも手です。ＩＲ情報とは投資家向けの財務などの資料です。ゼネコンなどは普段から用意しているので、頼めばすぐに出してくれるはずです。

今や自社の財務情報をオープンにしないと仕事をとれない時代なので、非上場の工務店であっても対外向けに資料を用意していることが多いのです。古いデータしか出してこないとか、「そういうデータはありません」という会社は要注意といえます。

実際にデータを出してきたら、会社の規模にくらべて借入金が多いかどうか、また大きな取引先はどこかに注意します。資料を見て疑問があれば業者に質問しましょう。施主の不安や質問に対して、きちんと答えてくれない会社は避けたほうがいいでしょう。

日頃から意識してアンテナを張っておき、付き合いのある不動産会社や業界に明るい知人などから、危ない会社についての情報を集めておくことです。金融機関は、企業の信用情報については早く知ることができる立場にあります。普通に聞いてもなかなか教えてくれませんが、親しくしている金融機関があれば、契約前に相談してみるのもいいでしょう。

パートナーとなる会社の信用に自信が持てないようでしたら、コンサルティング会社に相談することをお勧めします。コンサルティング会社の場合、業界事情に明るく、既にデータのある場合であれば、コンサルティング料の中で調査の結果を教えてくれますし、新規調査となる場合も3~5万円程度、2~3週間の期間で調べてくれます。

より本格的な信用調査は、一般には帝国データバンク、東京商工リサーチなどで行っています。こうしたところで信用調査をすると、総合点数などのランクを付けて結果を教えてくれます。また調査会社の評価が高かったからといって、決して倒産しないかというと、そうでもないのです。その会社自体の経営に問題はなくとも、どこか大手の下請けをやっていた場合、元請けが倒産し、そのあおりで連鎖倒産してしまうケースがよくあります。つまり主要取引先の経営状態も問題になってくるわけです。結局、総合的な判断が問われることになります。

■チェックリスト5　建築会社とその営業マン

□住宅建築に関わる基礎的素養を備えているか
□不明な点があれば設計担当と協力連携するよう努めているか
□契約の際、後々トラブルがないよう施主に対する説明責任を自覚しているか
□誠実さ、倫理意識、遵法意識を持っているか
□身だしなみ・言葉遣い・マナーがきちんとしているか（社員教育から社風がみてとれる）
□甘い事業収支をだして、建てさせることばかり考えていないか
□営業ノルマを優先させていないか（コミッション率が高くないか）
□アフターサービス体制について詳しく説明してくれるか
□いつでも、過去の引き渡した施工実績の現場を見せてくれるか
□経営者のビジョンは見えているか（売り上げ至上主義ではないか）
□債務（会社の借金）が売り上げに比べて多くないか

□不動産管理会社などの業界評判はどうか
□社員の退社が多くないか（大量採用・大量退社）

第三節　金融機関はどうやって選ぶの？

【事例】思わぬ理由で金融機関から借入れができなくなった事例

土地活用には多額の資金が必要となりますが、多くの場合は不足する資金について金融機関から借入れをします。借入金額が多額になるだけ、思わぬ理由から予定していた借入れができなくなった場合、大きなダメージを受けることになります。

Aさんは、借地上にご自宅を建てられて永年住まわれていました。数年前に借地契約の更新を迎えた際、地主さんから更新料支払いを求められ、考え方の違いで揉めてしまいました。最近になって、古くなった自宅を賃貸併用住宅に建て替えようと計画が持ち上がりました。住宅会社と自己資金および金融機関からの借入金額、建物プラン、賃料見込み等を相談しました。永年付き合いのあった金融機関から内諾もいただき、本設計も終わり、仮住まいも手配しました。

ところが、最終段階で金融機関から提出を求められた「借地の承諾書」を地主さんにお願いに行ったところ、判子を押していただけるどころではなく、話すら聞いてもらえませんでした。

借地契約更新について、相当な悪感情を持たれてしまったようです。Aさんとしては更新料支払いについて普通に話合いをしたつもりでしたが、地主さんにとっては想像以上の不満があるようで、何度お願いに行っても書類には判子はいただけませんでした。

住宅会社との設計も終わり、金融機関の内諾もいただき、仮住まいの手配も終わっていましたが、すべてが水の泡と終わりました。この先、古くなってきた住宅を手直ししながら住むのかと思うと、気が重い毎日です。

賃貸アパート建築を計画していたBさん。計画対象地の担保評価も高く、賃貸経営の採算見通しも明るく、準備は順調に進んでいました。ところが、土壇場になって金融機関からお断りがきました。既に亡くなられたBさんのご主人は、会社経営をしていたとき返済トラブルを起こし、ブラックリストに載っていたのでした。Bさんにしてみれば、過去のことでもあるし、自分のことではないと考えていましたが、金融機関にとってはご主人とBさんとは一体であるとの考えでした。

当てにしていた金融機関からの借り入れができず、やむなく金利の高い金融機関から借りざるを得ず、結果として事業採算見通しも悪くなり、返済金額も予定以上に増えてしまうという苦しい賃貸経営の船出となってしまいました。

1．どうやって金融機関を選ぶか

賃貸経営についての事業計画の検討が進んでくると、建物建築や不動産取得のための資金調達計画が必要となってきます。アパートやマンションなどを建築するときに、返済リスクを考慮しないですむように所要資金全額を自己資金で調達できれば良いかもしれませんが、そのような方は少ないと思います。また、自己資金が調達できるからといって資金借入れをしないで賃貸経営事業を始めることは、投資効率の観点からも、相続税対策の観点からも、あまりお勧めできることでもありません。賃貸経営事業と資金借入れとは切っても切れない関係なので、リスクの少ない、より有利な借入方法の検討が重要になってくるのです。

(1) 3つの重要ポイント―借入金額・金利・借入期間

資金借入れをする際には、「借入金額」「金利」「借入期間」の3つが重要なポイントとなります。いずれも、数値が大きくなればなるほど、返済負担が増えます。実際の返済例を見てみましょう。

①は、5000万円を金利2・5％、35年返済で借り入れた例ですが、②のように金利が1％下がると、35年間の総返済額が1千万円以上も少なくなります。③のように返済期間を10

年短縮すると、①に比べて総返済額が778万円も少なくなります。④のように①より借入金額を500万円減額すると、総返済額が751万円も少なくなります。

このように、融資を受けるにあたって、「借入金額」「金利」「借入期間」という3つの重要な要素を意識しているかどうかで、賃貸経営の成否に大きな差が付くのです。

(2) 金融機関の種類

低金利政策の下、優良な貸付先が不足している金融機関は、都市銀行・地方銀行・信託銀行がこぞって個人向け住宅ローン、土地オーナー向けアパートローン取り組みに力を入れています。この傾向は銀行に限ったものではなく、信用金庫、信用組合、農協、生損保会社、ノンバンクまで、多種多様な金融機関に広まっています。

融資貸付の審査基準はそれぞれ異なるため、銀行以外の金融機関に相談してみるのも一方法です。もちろん、審査が通りやすいという観点だけで金融機関を選ぶと、思わぬ落とし穴が現れる心配もあ

資料2－12　「返済額の比較」

借入金額	借入金利	返済期間	毎月返済額	総返済額
①　5,000万円	2.5%	35年	179千円	75,074千円
②　5,000万円	1.5%	35年	153千円	64,299千円
③　5,000万円	2.5%	25年	224千円	67,293千円
④　4,500万円	2.5%	35年	161千円	67,567千円

るので、審査基準の厳しい金融機関から相談するくらいの心構えが望まれます。

既にどこかの金融機関をメインバンクとして取引しているのであれば、そこに融資の打診をしてみるのが最もポピュラーな方法です。事業資金融資やマイホーム融資を既に受けているなどの実績があれば、融資も受けやすいでしょう。そうした取引実績がない場合、ハウスメーカーや不動産会社を経由して借入れを申し込むのが一般的です。

初めてのアパート経営のために個人がいきなり銀行の窓口に行っても、相手にされない可能性があ

資料2－13 「アパートローン取扱金融機関」

- 民間金融機関
  - 預金取扱い金融機関
    - 普通銀行＊
      - 都市銀行
      - 地方銀行
      - 第二地方銀行
      - 在日外国銀行
    - 長期金融機関
      - 信託銀行
    - 協同組織金融機関
      - 信用金庫
      - 信用組合
      - 労働金庫
      - 農業協同組合
      - 漁業協同組合など
  - その他の金融機関
    - 保険会社
      - 生命保険会社
      - 損害保険会社など
    - ノンバンク
      - 信販会社、クレジット会社など
- 公的金融機関
  - 旧公庫
    - 住宅金融支援機構

＊インターネット専業銀行など新しいタイプの銀行も登場。

ります。ハウスメーカーや不動産会社はメインバンクを持っていますし、多くの取引実績があります。個人で申し込むよりもそれらの会社を通じて紹介してもらう方が信頼感もあり、前向きに融資してもらいやすくなります。また、それらの会社が銀行と共同で提供している「提携ローン」が使える場合もあります。提携ローンの場合、有利な金利で借入れできるケースがあります。

マイホームを建てたり買ったりする場合、各金融機関に住宅ローンという商品が用意されていますが、アパートなど賃貸住宅の建築についても、融資に積極的な金融機関では「アパートローン」という商品を用意しています。住宅ローン同様、融資金利や融資金額の上限、融資対象等については、それぞれの金融機関ごとに定められています。

こうした金融商品とは別に、銀行がお付き合いの深い顧客などに対して、特別に条件を提示して行う直接融資の「プロパーローン」と呼ばれているものがあります。この場合は、金利や借入期間など銀行と借り手が協議しながら決めていくことになりますが、一般の融資よりは保証会社が入らない分、金利が有利になっている場合があります。

２０１６（平成28）年3月、日本銀行は「地域金融機関の貸家業向け貸出と与信管理の課題」という金融システムレポートを発表し、アパートローン融資での行き過ぎがないように注意を促しています。このレポートでは、２０１５（平成27）年の地方銀行・信用金庫のアパートローン新規融資額が前年比11％増加の約３・１兆円で過去最高を更新したこと、今後は空室増加で融資の焦げ付きを招く恐れがあるので、リスク管理体制を改善するよう求めていますので、より一層慎重な事業計画作成が求められてきます。

2．変動金利と固定金利の選択

(1) 変動型・期間固定型・完全固定型

アパートローンは、元利均等返済が一般的です。元利均等返済というのは、利息と元本の返済額の合計が一定ということで、当初は金利支払額が大きく、完済間近になると元本充当額の割合が大きくなります。

変動金利、固定金利を問わず、借入金利は日々変動しています。国内外の経済状況によって、長短金利は目まぐるしく変化していることを認識しておかなければなりません。わずか1％の金利変動でも、総返済額を大きく変えてしまうので注意が必要です。特に、融資金額の大きいアパートローンでは簡単に数千万円の差になって現れ、土地活用の事業計画に大きな変動をもたらすことがあります。その意味から、事業計画作成にあたっては、金利動向に敏感でなければなりません。

一般的に、返済金利には次の選択方法があります。

ⅰ．変動金利（半年または1年ごとに金利が変動）
ⅱ．固定金利（最初から最後まで金利が変わらない）
ⅲ．固定金利選択型（一定の固定金利期間が終了した時点で次の期間の金利種類を選択する）

固定金利選択型の場合は、2年もの、3年もの、5年もの、10年もの、20年ものというように期間を選択でき、その間は借入当初の金利が続きます。

変動金利型の場合、借入期間を1年単位で選ぶことができ、最長は35年というのが一般的です。変動金利は短期プライムレートに連動していて、一定期間ごとに改定があります。

固定金利型は長期国債利回り（10年）に連動していますが、一般的には変動金利より高めとなっています。しかし、3年ものや5年ものなどの短期の固定金利は、変動金利より低く抑えられている場合もあるので、各金融機関の融資条件を比較する必要があります。

(2) 変動金利のポイント

今後、金利は上昇すると判断して長期固定金利を選択したにもかかわらず低金利のまま推移してしまったり、逆に下降するとの判断で変動金利を選択したのに上昇してしまい返済負担が大きくなる危険性もあります。しかし、金利の先行きを予想することは金融のプロでも困難なので、事前に固定金利および変動金利のリスクを十分に理解し、両方のリスクへの対策を考えていただいた上で、ご自身で固定金利・変動金利のいずれかを選択していただくのが鉄則です。

変動金利は、金利変動リスクがあるものの、資金に余裕のある土地オーナーや、資産家でいつでも他の土地を売却して一括弁済資金を捻出できる土地オーナーには適しています。つまり、金利が上昇するということは、好景気で土地の価格も上昇傾向となるので、容易に返済資金が捻出できるはずです。事業採算が非常に良い場合、もしくは自己資金割合が高く、借入金額が少ない場合にも変動金利は選択肢の一つになります。

また、変動金利と固定金利を組み合わせるケースもあります。賃貸併用住宅で半分は住宅ローンを使い、半分はアパートローンを使ったりする場合、または半分は公的融資の固定金利型を使い、半分は民間金融機関のローンにするという場合もあります。

（3）固定金利のポイント

固定金利のメリットは、金利が一定であるため事業収支計画が安定することです。特に、低金利の時代に固定金利で融資実行を受けているとそのメリットが返済期間中ずっと続きます。空前の低金利が長く続いている現在は、固定金利を検討する絶好のチャンスです。生命保険会社・損害保険会社を利用することも考えられますが、その場合に長期固定の低利融資を受けられるケースもあります。生損保会社のアパートローンも打診してみる必要があります。

3．融資申込みの審査について

金融機関は、アパートローン審査では3つのポイントを重視します。

・事業の採算性
・土地の担保力
・土地オーナーの信用力

土地に担保力があるからといって、単純に融資が受けられるわけではありません。アパートローンでは、賃貸経営の事業採算性が問題となり、融資金が必ず返済されるかどうかとの観点から審査します。他の事業融資でも同様のことです。それと、賃貸事業を承継する見込みの法定相続人が連帯保証人となります。

アパートローン審査のためには、建築の基本設計・実施設計を作り、見積りを取って事業収支計画書を作成する必要があります。これを金融機関に持ち込み、審査を受けた結果、融資が謝絶されるということもあり得ます。この場合、それまでの作業がすべて水の泡になり、既に支払った設計料なども無駄になる可能性もあります。さらに、土地活用を前提にして取り掛かっていた居住者との立退交渉、ご自身の仮住まいなどの費用もすべて無駄になってしまう可能性も考えられます。金融機関の融資可否は事業の根幹なので、融資実行に向けて最大限の努力をする必要があります。また、融資審査の承認前に、立退交渉や仮住まいの準備をするなどの〝見切り発車〟は、決してするべきではありません。

融資の条件として連帯保証人を立てるよう要求される場合がありますが、借入金額が大きくなる土地活用で連帯保証人を立てるのは容易ではありません。その場合、保証料を負担して保証協会をつける方法もあります。注意すべき点は、金融機関審査と保証協会審査との両方が必要になるため、金融機関の審査が通ったとしても、保証協会の審査に通らない場合もあることです。いわば、保証協会というもう一つのハードルが出現するわけで、甘い事業計画では融資承認を受けることができないのが現実です。

また、都市銀行や信託銀行の審査が通らないからといって、信販会社などのノンバンクから高い金利で資金調達をして土地活用事業を行うことは避けるべきです。都市銀行や信託銀行の審査が通らないのは、事業収支計画への不安があることであり、事業成立の可能性が低いからです。この場合、土地活用事業の見直しか、土地活用事業計画の断念かを判断する必要があります。土地活用のリスクはご自身だけでなく、次世代にまで大きな影響を与えますので、時には断念するだけの見識を持つべきなのです。

4．その他の注意点

(1) 建築費の値下げ交渉より、金利を下げる交渉のほうが効果的

賃貸経営の融資は、20年、30年という長期にわたるのが普通です。期間が長いとわずかな金利の違いでも、最終的な総返済額には大きな違いが出てきます。別表をごらんください。ここでは2億円を30年間で返済するとして、金利の違いによる返済額の変化を見ています。

借入利率が1・5％であれば、毎月の返済額は約69万円で、30年間の総返済額は2億4849万円ほどで

資料2－14　「金利による返済額の差異」

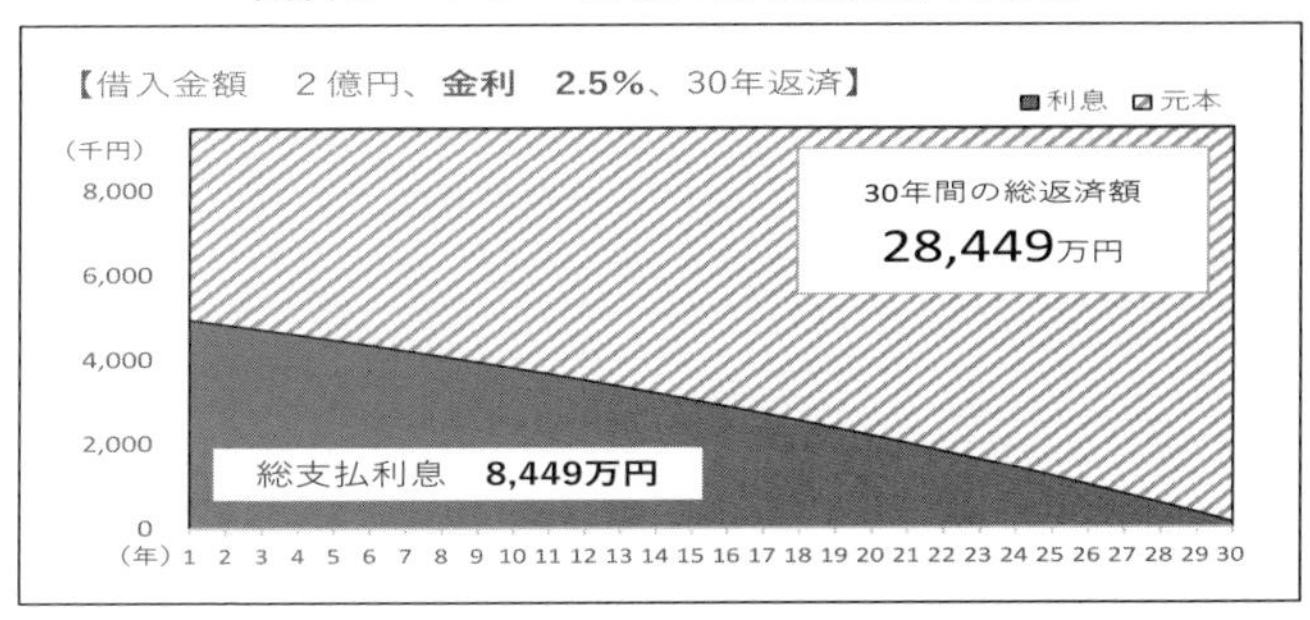

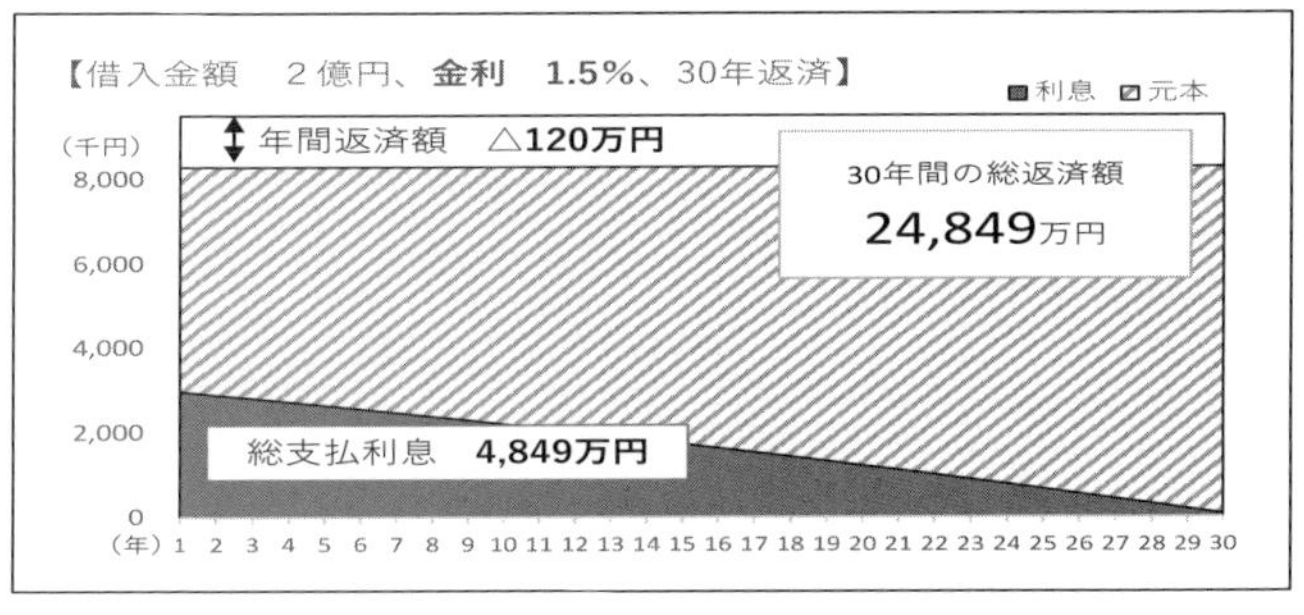

す。一方、借入金利が2・5％であれば、毎月の返済額は約79万円なので年間で120万円も増額となり、30年間の総返済額は2億8499万円ほどにもなります。金利が1％違うだけで、総返済額は3600万円近くも違ってしまうのですが、それだけ支払利息額が増えているのです。その意味でも、融資の際は少しでも良い条件を獲得できるよう、しっかり交渉しなくてはなりません。建築会社への値下げ要求より、融資金利の引き下げ交渉の方が、よほど力を入れて臨むべきです。その方が全体の費用を引き下げる効果が高いのです。

それに建築費用はあまり叩くと、完成した建物の品質が落ちてしまう恐れがあります。けれども金利には品質はありません。いくら金利を叩いても、受ける融資の額には変わりはないのです。

(2) 繰上げ返済に関する注意点

金利と並んで注意が必要なのが、繰上げ返済時の条件です。固定金利で期間を指定して融資を受けた場合、期間内の繰上げ返済にはペナルティ（違約金）がかかってきます。

あるオーナーさんは、90年代初めのまだ金利が高かった頃に、年利4・0％、20年固定という条件で融資を受けました。その後、金利はどんどん下がっていったので、オーナーさんは、他行の低金利で改めて融資を受け、元のローンは繰上げ返済してしまおうと考えました。返済総額がずっと低くなるからです。ところが期間内に繰上げ返済しようとすると、1000万円近いペナルティをとられる契約になっていたため、変更することをあきらめざるを得ませんでした。

こうしたペナルティがつけられるのには理由があります。固定金利でローンを組む場合、もし銀行がそのまま自行の資金を貸出せば、金利変動のリスクを自ら被ることになります。例えば、年利3・0％の固定金利で貸出している最中に、高金利時代になり銀行の資金調達金利が5・0％になったとしたら、毎年2％の「逆ざや」になり、貸出しによって大きな赤字を出してしまうことになるのです。このようなリスクを避けるために、銀行は固定金利で貸出す際には、貸出条件に合致した固定金利の金融商品を市場で購入し、金利を上乗せして顧客に貸出します。このような仕組みで固定金利融資を行っているので、繰上げ返済をされてしまうと、リスク解消のために購入した金融商品を売り戻さなくてはなりません。その際、銀行自身がペナルティとして一定額をとられることになります。そのような場合にも銀行に損失が出ないよう、固定金利での期間内の繰上げ返済に関して顧客のペナルティを定めた契約にしてあるのです。

一方、変動金利では繰上げ返済のペナルティはごくわずかです。変動金利の場合、銀行の資金調達金利に上乗せして融資しているだけなので、繰上げ返済されても銀行に逆ざや負担が掛からないからです。ただし、インフレ時などはどんどん金利が上がるリスクもあります。

このように、金利の水準、変動か固定か、繰上げ返済時の条件はどうなっているか、が融資を受ける場合のポイントです。ご自身の返済能力、資金的余裕と、金利変動のリスクを睨みながら、最善のメニューを選びましょう。

第四節　管理会社はどうやって選ぶの？

【事例】管理会社選びで失敗した事例（サブリース会社の選択と不誠実な会社との出会い）

●ケース1　契約解除に巨額のペナルティ

あるオーナーさんは、所有する賃貸住宅について建物ごと一括借上げ（サブリース）契約を結んだ管理会社から、一方的に大幅な賃料減額を突きつけられました。

怒ったオーナーさんはサブリース契約を解除しようとしましたが、そこで壁に突き当たりました。

最初に取り交わした契約書に、「合意に基づかない契約解除を行う場合には、家賃24カ月分のペナルティを支払う」という条項が入っていたのです。

仮に家賃収入が月に１００万円とすると、24カ月で２４００万円にもなります。これだけ払わなければ契約を解除できないというのです。これでは解約したくともできません。

オーナーさんから相談を受けた私たちは弁護士に契約書を見てもらったのですが、この契約書の条項は法律上、一方的にオーナー側に不利な契約とは言えず、無効とは認められない、という判断でした。

というのも契約書には、管理会社の側が契約解除を申し出る場合にも、やはり24カ月分のペナルティを払うこととなっていたのです。

文言だけを見れば確かに双方に対して公平であるように見えます。

しかし現実には、管理会社側が自分から契約解除を申し出るはずはないのです。もし家賃の相場が下がって空室が出た場合には、すぐに家賃を値下げし、その分、オーナーさんに支払う一括借上げの賃料を値下げしてしまえばいいのですから、家賃相場がどうなろうと、損をすることはあり得ません。ノーリスクなのです。

管理会社側からみれば、自分たちにずっと利益をもたらし続けてくれることが確実な契約を、自分から破棄などするはずもないのです。

このケースの場合、オーナーさんと弁護士と次の管理会社候補が連携して、丹念な交渉と側面的な圧力を駆使して1年がかりでようやく縁を切ることができました。賃貸事業の業界でもブラック業者と呼ばれている会社は多数ありますので注意してください。

●ケース2　借家権を主張してきた管理会社

あるオーナーさんは、やはりサブリース契約を結んだ管理会社の態度があまりに悪いので不満を抱きました。

とにかく対応が遅く、電話しても3日もレスポンスがなかったり、入居状況などについて質問しても返事が来なかったり、不誠実そのものなので、我慢できなくなって、「他の会社に替える」と通告したのです。

そのとたん、この管理会社は「借家権」を主張してきました。「自分たちはオーナーさんからこの建物を借りて、借主として賃貸事業を営んでいる。従って正当事由がない限り、借家契約を取り消して自分たちを追い出すことはできない。あくまで契約を打ち切るというのなら、裁判で争う」と言ってきたのです。

日本の借地借家法では、不動産の貸主に対して、借主の立場が非常に強くなっています。それを利用し、「自分たちは借主の立場だ」と主張し、オーナーさんが契約解除できないように仕掛けてきたのです。

この件でも相談を受けた私たちが、弁護士と連携し、この会社に内容証明を送りつけ、公的機関に働きかけ、更に銀行にも動いてもらって、ようやく契約解除に成功しました。

もしこうした多方面からの圧力がなかったら、オーナーさんは一生、この悪辣な会社に縛られていたでしょう。

1．サブリース契約のメリットと注意点

土地活用でアパート・マンション建築をする場合、オーナーの皆様が最も心配されるのは空室と家賃滞納の問題ですが、サブリースを上手に活用することでリスク回避することができる場合があります。

(1) サブリースとは？

オーナーさんの多くは「アパートローン」を利用しており、その返済の原資に家賃収入を当てていますので、もし長期にわたって空室状態になったり、滞納者が多い場合にはローン返済がままならず、死活問題にもなりかねません。

そんなオーナーさんの不安を解消するために、賃貸管理会社やハウスメーカーが、一括借り上げの「サブリース契約」や「家賃保証」の提案をしてくる場合があります。

一般の賃貸では、オーナーさんが入居者と直接、賃貸借契約を結び、入居者から賃料を受け

取ります。一方、サブリース契約というのは、サブリース会社がオーナーさんから建物を一括で借り上げ、各居室を入居者に転貸するものです。前者をマスターリース契約、後者をサブリース契約と言います。つまり、オーナーさんにとっては貸す相手がサブリース会社となるため、全室分の賃料が保証され、空室リスクがなくなることになります。入居者対応もすべてサブリース会社が行ないます。

サブリース会社の報酬とは入居者が支払う賃料を１００％として、オーナーさんに支払う借上げ賃料が85～90％の場合、10～15％となります。これがサブリース契約の仕組みです。しかし、サブリース会社は滞納に備えた再保証会社への支払いや入れ替え時の空室期間のリスク、トラブルの訴訟リスクなどを負うので、すべてがサブリース会社の利益となるわけではありません。

(2) サブリース契約のメリット

オーナーさんにとって、サブリースは賃貸経営上の運営が楽になるというばかりではなく、以下のようなメリットもあります。

資料２－１５　「サブリースの仕組み」

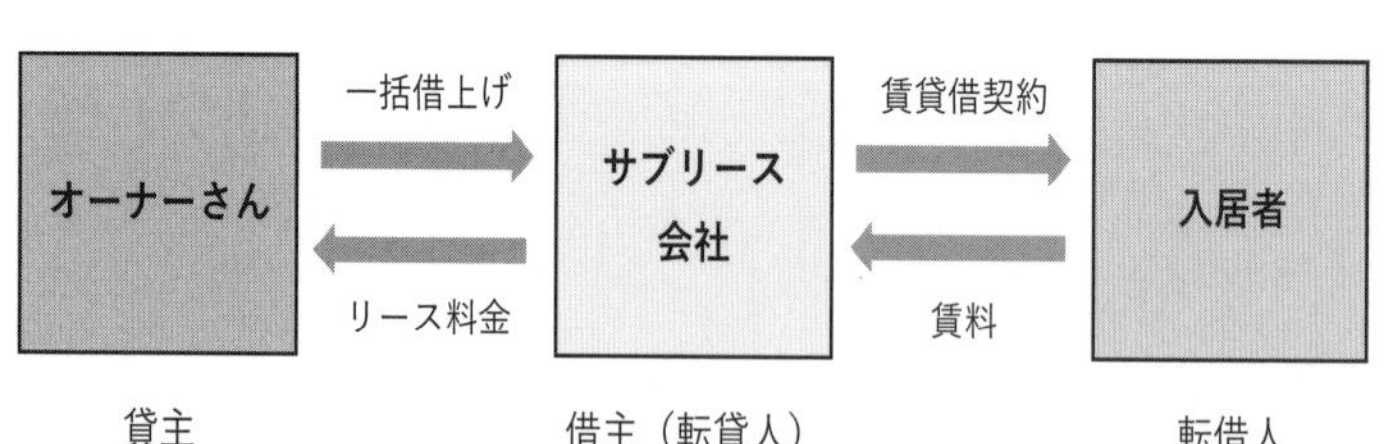

・空室の心配や、家賃滞納の心配をしなくて済む
・クレームやトラブル対応など入居者と関わる必要がなく、手間が掛からない
・入居者確保のための建物の維持・保全に気を遣わなくても良い
・確定申告で収支内訳書に、住戸毎の入居者名、賃料等を記載する手間が省ける

（3）サブリース契約の落とし穴

一見すると、バラ色のように思えるサブリース契約ですが、運営する会社によっては様々な問題点も見受けられます。

①　賃料査定と保証率

サブリース会社の査定賃料は空室の発生を抑えるために、相場より低い賃料査定が行われる傾向にあります。空室でも賃料を保証しているので当然のことですが、相場よりどの程度低いのかをチェックする必要があります。この査定賃料の85～90％の保証額をサブリース会社はオーナーさんに支払います。

例えばＡ社は「賃料の90％を保証します」と言い、Ｂ社は「賃料の85％を保証します」と言ったとします。それだけ見ると、明らかにＡ社と契約した方が有利に見えます。ところが、そこには数字のマジックがあります。元の「賃料」をどう見るかという問題が抜けているのです。

ある物件から、いくらの家賃収入が見込めるかを「査定賃料」と呼びます。もしかするとＡ社の元査定が年間３００万円で、Ｂ社の元査定が３３０万円であるかもしれません。そうなると、Ａ社の保証金額は、３００万円の90％で２７０万円。これに対してＢ社は、３３０万円の85％で２８０万円となり、Ｂ社の保証額の方が有利になってしまうのです。

② 免責期間

サブリースには「免責期間」が付くのが普通です。新築物件では、募集直後は満室にならず、入居可能日から一定の期間は予定通りの家賃収入が入らない場合があります。そこでこの期間に限り保証賃料の支払を免除するという制度です。

もしC社の保証金額が３００万円、D社が２８０万円という場合、一見するとC社の方が有利に見えます。ところがC社の免責期間が３カ月だとすると、最大で９００万円が免責され未収入となります。一方、D社の免責期間が１・５カ月だとすれば、最大でも４２０万円の免責となり、D社の条件の方が必ずしも不利とは言えなくなります。

③ 賃料の引き下げ

賃料査定、保証率、免責期間などが決められ、オーナーさんの手元に賃料が届くようになります。新築時は良いのですが、築年数が経つとともに賃料は下降線を辿るようになります。建てて数年もすると新築プレミアムがなくなり、賃料を下げないと空室が埋まらなくなってきます。あるいは賃貸市場の需給が崩れたり、デフレで日本の経済が縮小し、家賃を下げざるを得ない場合も出てきます。

ある日突然、サブリース会社から「賃料を引き下げて欲しい」と言われて、ビックリするオーナーさん。担当者は、あたかも新築時と同じ額の家賃保証が契約期間中ずっと続くかのような説明をしていたと理解していましたが、いわゆる営業トークだったのです。

慌てて契約書をよく読むと、予めオーナーさんとの間で賃料減額交渉できることが謳ってあり、実際に何年か経って新築プレミアムが期待できなくなる頃、サブリース会社は賃料減額交渉を始めるのです。

一般個人の借主との賃貸借契約と異なり、サブリース事業の委託契約だから、借地借家法第32条第1項による賃料減額請求権はないと思っていたオーナーさん。２００３（平成15）年の最高裁判決は、「サブリース契約は賃貸借契約に該当すると認定し、借地借家法に基づく賃料減額請求権を認める」というものでした。

④　解約できない？

予期せぬ賃料減額請求を受けたオーナーさんは、怒りの感情を押し殺してサブリース契約を解除しようと思い立ち、「解約通知書」を内容証明で郵送しました。返ってきた答えは、「正当事由がないので解約は出来ません」というものでした。サブリース会社も借地借家法上の借主なので、「信頼関係が破壊されている」と判断されるような重大な契約違反がないと、契約解除はできないのです。

サブリース契約に契約解除に関する条項が入っている場合でも、事例にあるような高額な違約金支払を求められる規定とか、12カ月前に解約予告をしなければならない、その場合6カ月間は賃料を支払わないなどが規定されている場合もあるようです。

「契約解除条項は、貸主・借主双方に適用されるものなので対等である」と、サブリース会社から反論されるようですが、賃料減額請求権を有している借主と、解約権も制限されている貸主とが対等とは思えません。あくまで、ごく一部のサブリース会社ですが、オーナーさんにもメリットがあるサブリース契約が歪められて理解されてしまうと思います。

(4) 賃貸管理業適正化法の施行

一部とは言え、サブリース契約をめぐるトラブルが発生しているため、2019（令和元）年6月、サブリース事業のトラブル防止および賃貸住宅管理業の登録制度創設を目的として、賃貸管理業適正化法（＝正式名称：賃貸住宅の管理業務等の適正化に関する法律）が国会で成立しました。

サブリースに関する部分は、2020（令和2）年12月から先行して施行されます。オーナーさんとサブリース会社とのトラブルを防止するため、

・サブリース事業のメリットを殊更に強調し、リスクを過小に見せる表示を行うような「誇大

広告等の禁止」
・家賃の改定条件など、契約締結に重大な影響を及ぼすようなリスク事項等を故意に告げず、または不実のことを告げるような事実不告知・不実告知などの「不当な勧誘等の禁止」
・オーナーさんが契約内容を正しく理解し、適切なリスク判断のもと、契約を締結することができるよう、「マスターリース契約の締結前における重要事項説明及び書面交付、締結時の書面交付」

等を義務付けている内容となっています。賃貸住宅管理業の登録制度は、２０２１（令和３）年度から施行される予定となっています。

2．自主管理と業者委託管理

賃貸管理で特に重要なのはソフト管理と言われています。入居者からの賃料収入があって初めて賃貸経営が成り立つからです。入居者管理では、入居者募集や契約、集金や滞納時の処理、空室対策がポイントとなってきます。

管理システムには、オーナーさんが自分で管理する方法と、賃貸管理会社に依頼する方法があり、依頼方法には大きく分けて３つのメニューがあります。いくつかある賃貸管理会社との契約メニューのうちどれを選ぶかは、オーナーさんの事情や考え方次第です。他に仕事を持っていて時間に余裕のないサラリーマンオーナーと、時間的に余裕のある専業オーナーとでも違ってきます。

（1）自主管理

オーナーさん自身が集金等を含む一切の入居者管理を行う方法を「自主管理」と言います。入居者からの集金業務や日常的な要望・クレーム、契約更新の手続きや賃料の折衝などをオーナーさん自身が行い、建物の日常清掃もオーナーさんが行います。消防設備などのメンテナンスは、資格を持った技術者が行うことが義務付けられている場合があるので建物管理会社に分離発注します。このような管理業務のすべてに対応するためには、アパート経営を専業にしないと難しいと言えます。

「自主管理」は管理委託料がかからないため、経済的な魅力がありますが、誰もができるとは言えません。まず、オーナーさんには社交的で人付き合いが上手であることが求められます。入居者はもちろん、協力会社を上手に差配していくことが大切です。複数の仲介会社やリフォーム会社を上手に使い分け、より良いサービスを引き出す能力が求められます。

同時に、家賃滞納やトラブル対処には、判断力や気力も必要になってきます。次々と起こる問題を適切・迅速に処理できなかったり、上から目線だったりするオーナーさんでは失敗するケースが多いものです。特に滞納問題では、家賃を回収する自信が十分ないのであれば、回収のプロである賃貸管理会社に集金を委託した方が賢明です。

また、サラリーマンオーナーなど、兼業で賃貸経営を行う場合には、賃貸管理会社に業務代行を依頼した方が無難です。時間的な制約から管理が行き届かなくなっては、肝心の入居率にも影響する恐れもあります。空室になった場合の入居者探しも、仲介会社というプロの手を借りた方が遥かにスムーズに進みます。

(2) 業者委託管理

ソフトに関する業務の中で最も比重の大きいのは、賃貸経営成功に直結する重要な課題、

資料２－１６　管理システムの種類

一般的な管理システムの比較（会社により相違あり）				
項目	自主管理	集金管理	滞納保証	サブリース家賃保証
管理報酬(月額)	なし	賃料等の3～5%	賃料等の5～8%	賃料等の10～15%
敷金の扱い	オーナー取得	オーナー取得	オーナー取得	管理会社預かり
礼金の扱い	オーナー取得	オーナー取得	オーナー取得	管理会社取得
更新料の扱い	オーナー取得	オーナー取得(更新手数料控除)	オーナー取得(更新手数料控除)	管理会社取得
賃料支払開始	集金開始より	集金開始より	集金開始より	免責期間後より
空室時の賃料保証	×	×	×	○
滞納時の賃料保証	×	×	○	○
クレーム対応	オーナー	管理会社	管理会社	管理会社
入居者審査	オーナー判断	オーナー判断	オーナー判断	管理会社判断

※賃貸管理会社によってバリエーションがあります。

すなわち賃料回収に関する業務ですが、管理会社のメニューは次のとおりです。

① 集金管理（入居者管理）

家賃の集金だけを賃貸管理会社に依頼する方法を「集金管理」と言います。委託手数料は家賃の3〜5％ほどです。滞納保証は付けずに集金管理を委託した場合でも、管理会社は入居者が指定の日に入金しなかったら電話し、入金を促すのは当然の仕事になり、入居者からのクレームにも対応します。

賃料の支払遅滞に対して賃貸管理会社は書面で催促し、場合によっては直接出向いて催促してくれることもあります。もちろん、滞納保証を付けていないので、未入金の場合のリスクはオーナーさんとなります。

② 滞納保証

入居者の賃料滞納が出たときに、入居者に代わって家賃を代納する方法を「滞納保証」と言います。滞納保証を行う賃貸管理会社は第三者機関に再保証をかけてリスクヘッジをする場合もあります。

集金管理に加えて滞納保証を付けると、委託手数料は通常5〜8％になります。滞納保証付きの管理委託の場合、賃貸管理会社が審査して入居した人については滞納の際の家賃を保証します。ただし空室リスクの保証はありません。

③　家賃保証・サブリース

空室・滞納の有無にかかわらず賃貸管理会社が家賃を保証するのが「家賃保証」です。家賃保証の中にはさらに、建物全体をオーナーさんから一括して借り受け、すべての管理業務を代行する「サブリース」という形態もあります。オーナーさんには空室・滞納の有無にかかわらず建物全体の賃料を払うというサービスです。「借上げ転貸」とも呼ばれます。

サブリースと家賃保証とは、似ているようで若干違いがあります。サブリースの場合、賃貸管理会社が借り上げし、約定賃料をオーナーさんに支払う転貸スタイルです。したがって入居者に対する貸主は賃貸管理会社になります。入居者から見れば大家さんは賃貸管理会社になるわけです。

一方、家賃保証契約は、滞納や空室が出た場合に、賃貸管理会社がオーナーさんに家賃を保証するという契約を結ぶ形です。入居者との契約の当事者はオーナーさんです。入居者に対する貸主はオーナーさんになります。「サブリース」あるいは「家賃保証」契約の場合、管理費用は査定賃料の10～15％程度となります。管理会社によってはこれらすべてのメニューを用意しているところもあれば、サブリースだけに特化しているところ、逆にサブリースは扱っていないところなど、様々です。

3. 賃貸管理委託業務の内容と契約の注意点

(1) 具体的な賃貸管理業務

ほとんどの場合、土地活用は賃貸用の建物を建てて、入居者、テナント等を募集することになります。したがって募集や入居者管理といった、建物（ハード）の管理以外の管理業務が必要となります。これをソフトの賃貸管理と言います。

ソフトの賃貸管理には次のような業務があります。賃貸管理会社がどのような業務を請け負うかは契約内容によります。

① 入居者募集

賃貸住宅の募集を店舗やインターネットで行う業務です。まず、入居希望者に対し、住民票や勤務先証明書、収入証明書、学生証、免許証などの入居審査に必要な書類の提出を求めます。さらに入居者審査をして、賃料の支払能力があり、住まいのルールを守れると判断したら審査は合格です。次に連帯保証人の引受承諾書と印鑑証明書の提出を求めます。最後に賃貸借契約を締結して、鍵を引き渡します。

② 賃料の収受・送金

賃貸管理会社がオーナーさんに代わって賃料や共益費を賃借人から収受する業務です。そこから管理手数料を差し引いた金額を、オーナーさんに振り込みます。

③　敷金の預かり・送金

賃貸管理会社が敷金を預かり、サブリース・家賃保証以外の管理形態では、オーナーさんに振り込みます。

④　契約更新・改定業務

賃貸住宅の契約期間は2年が一般的なので、期限前に契約の更新について協議します。この際、賃料を上げる場合や、相場から見て割高の場合は引き下げることもあります。また、更新料を収受する場合もあります。

⑤　解約業務

賃貸借契約を解除し、敷金の精算と、原状回復の業務を行います。原状回復工事については施工業者の手配をします。

⑥　入居者管理業務

入居者や退去者の立ち会いや、賃料滞納者・賃料不払い者への督促業務を行います。長期不在者がいれば、連帯保証人等に連絡をとり所在を確認します。住宅機器や設備、騒音などのクレームがあれば、その処理を行います。入居者が迷惑行為をしている場合はそれを中止させる措置をとります。そのほか、緊急時の対応、鍵の保管、防火・防災、近隣への対応などの業務も行います。

(2) 管理委託契約のチェックポイント

賃貸管理を委託する場合には「賃貸管理業務委託契約」を交わしますので、その契約書をチェックする必要があります。

① 賃料の振込日の確定

賃貸管理会社が入居者から集金した賃料を、毎月何日までにオーナーさんの指定銀行口座に振り込むのかを確認します。

② 銀行口座の分別管理

賃貸管理会社は保有財産の口座とは別に、家賃等収納・保管口座を設けているのかを確認します。賃貸管理会社の口座と、家賃収納の口座が同じ場合はその賃貸管理会社が倒産や民事再生となった場合に、収受した家賃もその賃貸管理会社の財産とみなされる場合があります。

③ 賃貸管理費用の明確化

賃貸管理委託契約に、管理費用が「収納家賃の○%」あるいは「月額○円」と明記されているか確認します。また、管理費用は受領した家賃から差し引くのか、それともオーナーさんが賃貸管理会社の口座に振り込むのかを確認します。

④　契約期間・更新の方法

契約期間が明確になっているのか、そして、更新は自動更新なのか、それとも協議をして更新をするのか、あるいは書面を交付して更新をするのかを確認しておきます。

⑤　解約条項

契約期間中でも解約できる条項があるのかを確認します。例えばオーナーさんが書面で解約の通知をした場合には、３カ月後の経過をもって契約は終了するという規定を確認します。

4．賃貸管理会社の選び方

（1）賃貸管理会社が経営を左右

賃貸管理会社が担当する業務範囲は幅広く、入居者募集広告の作成から媒体への掲載、管理計画やリニューアル工事のアドバイスまでも賃貸管理会社の役割です。賃貸経営の成否は賃貸管理会社の能力に左右されると言っても過言ではありません。

（2）賃貸管理会社は「報・連・相」が大切

賃貸管理会社はオーナーさんと入居者との間に立つことになります。その両者の意思の疎通をはかる、いわば潤滑油としての役割があるわけです。その意味で賃貸管理会社として大事なのは「報連相（報告・連絡・相談）」です。

小さなことでもきちんと報告し、必要ならば関係する会社などに素早く連絡を取り、判断が必要な場面ではオーナーさんの判断を仰ぐことが、遅滞なく行われなければなりません。子供の使いのようにただ報告して終わりではなく、情報を分析・判断し、丁寧な助言や提案ができる会社が、より優れた賃貸管理会社と言えます。

大手で有名だから、コマーシャルを頻繁に行っているからといって、信頼できる会社とは限りません。建築会社もそうですが、管理に携わる人より営業マンの数が多いような会社は、むしろあまり期待できない場合があるのです。

（3）入居者目線

賃貸管理会社選びの判断基準のポイントとして、「どれくらい入居者ニーズをとらえているか」「入居者の募集計画は適正か」「どれくらい熱心に募集活動をするか」が挙げられます。

例えば、「土・日・祝日は休みます」という賃貸管理会社はもってのほか。部屋を探しているお客様の多くは土・日・祝日に動くのです。募集用のチラシがなんの工夫もない定型的なものか、デザイン性のあるものか、空室を見に来てくれた人にスリッパを用意する等きちんとサポートしているか、といった点もチェックが必要です。

（4）社員教育

社風や、一人一人の社員の教育がきちんとできているかも重要なチェックポイントです。扱っている部屋を見たことがないという担当者や、入居希望者にチラシのコピーだけ渡して物件案内の営業をしない仲介担当者もいます。

特に、社員が頻繁に退職する会社は要注意です。長く勤めていれば、物件のＰＲポイントや近隣の環境を自然と把握できます。しかし新人社員では、賃貸物件について何も知らず、周辺の地理にも疎いため、入居希望者や仲介会社などからの問い合わせに対し、きちんとした物件ＰＲができません。

「建物の近くにコンビニがあるのか」「コインランドリーはどうか」「大きなスーパーはどこにあるのか」「郵便局はどこか」といった情報はとても重要です。長くその物件を担当していた社員であれば、そうした情報を自然と把握していますが、新人には何も分かりません。聞かれても「そこまではちょっと」としか答えられないようでは、部屋探しの候補から外されてしまうことになります。

また、見学者を物件に案内するときも、周辺の地理に詳しい社員であれば、「ちょっと遠回りですが、すてきな桜並木を通って行きましょう」といった配慮ができます。しかし、地理が分からなかったり配慮のない社員はただ「最短距離だから」と、夜なのに街灯もない暗くて細い道を通って行ったりします。こんなことでも物件の印象は大きく変わってしまうのは言うまでもありません。

このように、社員の定着率の悪い会社では物件周辺の情報に精通している社員が少なくなり、社員同士の情報共有もなく、物件の魅力を十分に伝えられなくなるので、注意する必要があるのです。

物件知識が乏しく、接客態度の悪い仲介会社は賃貸経営の「妨害者」ですらあります。きちんと社員教育をしていれば決してそんな社員は現れないはずです。社風を知るためにはこちらから会社を訪ねてみることです。顔を出すと、受付の対応や社内の雰囲気が分かります。そのときの感じが良くないようであれば、入居希望者に対しても同じような態度で接している可能性が高いのです。

（5）管理物件の状況

店舗を訪ねるとともに、その賃貸管理会社が扱っている既存の管理物件を見ることも大切です。「郵便ポスト周辺にチラシが散乱していないか」「廊下やエントランスにゴミが落ちていないか」「自転車置場は整理されているか」「敷地内に雑草が伸びていないか」「階段の下に放置荷物や蜘蛛の巣がないか」「共用スペースに物置やベビーカー、車のバッテリー、タイヤ等を置いていないか」「階段やバルコニー等の鉄部が錆び、塗装が剥げていないか」などをチェックすれば管理に対する姿勢が分かります。

良い賃貸管理会社が入り、きちんと清掃や補修が行き届いている物件は、風格さえ漂うものです。

（6）入居者のフォロー

賃貸経営では設備に関する不具合や隣人関係（騒音やマナーの問題）、清掃や管理・メンテナンスなど、日常的に入居者からのクレームや要望が発生します。

賃貸管理会社は、入居者のクレームをどのようにフォローし、起きた問題についてオーナーさんにきちんと報告を行っているかどうかが重要です。クレームを「天の声」と考え、すばやく対応することが、賃貸経営を成功させる秘訣です。入居者の方たちが管理に満足していれば定着率も上がり、経営の安定につながります。

管理はスピードがものを言います。トラブルがあってもすぐに対応してくれたら、「ありがとう」と言ってもらえるもの。トラブルが逆に高評価に変わるのです。それが後手、後手に回るようだと、入居者も苛立って話がこじれることになってしまいます。

入居者の状況やクレームをすばやく正確にオーナーさんにつないで、オーナーさんが判断しやすいよう、いくつかの解決の選択肢を用意する優秀な賃貸管理会社とパートナーを組むことが大事です。

(7) 入居者の指導

賃貸管理会社の大事な仕事の一つに「入居者に対する指導」があります。入居時に契約書を1時間ぐらいかけて読み合わせ、禁止事項を確認し、ルールを守って住んでもらえるよう指導するのです。ゴミ出しのルール、不在の際の荷物の受け取り、カギをなくした場合の対応、水漏れがあった場合の処置等、きちんと、かつ厳しく説明することで、入居後のトラブルを未然に防ぐことができます。

賃貸管理会社の中には、適当なことを言って入居者を入れてしまったら、後は何もしないというところもたくさんあります。そうした会社は、「とにかく入居者を募集して入居させること」が仕事だと思っていて、入居者への指導はもちろん、入居審査もいい加減だったりします。

賃貸管理会社の本来のミッションはオーナーさんに代わって、その意向に沿って動くことです。当然、入居指導やケアは真剣にやらなくてはいけないはずです。入居者に対するヒアリングや不満事項への対応もしっかりしていなくてはなりません。それは入居者が、オーナーさんにとって「大切なお客様」だからです。お客様を大事にして住み続けていただくことが究極の空室対策と言えます。

(8) 提案力

入居者の退去後、新規募集の際は家賃相場から見て賃料は現状のままでいいのか、それとも下げた方が良いのか、リフォームは単なる修繕程度に留めるのか、それとも設備を更新するかなどを考えて提案する賃貸管理会社は優秀です。

「今のままでは家賃を3千円程下げなくてはいけなくなる可能性があります。最新のリノベーションを行えば、逆に5～6千円アップしても入居者を見つける自信があります。どちらがよろしいですか」といった提案ができるのが、実力のある賃貸管理会社です。

また、例えば入居希望者があっても、入居審査が済むまでオーナーさんに報告してこない賃貸管理会社もあります。結果的に契約に至らなかった場合は、オーナーさんは希望者がいたことも、入居に至らなかった原因も、全く知らないままになってしまいます。これではオーナーさんも改善のヒントを得られず、次に生かすことができません。

提案力とともに、このような報告を小まめに行う賃貸管理会社かどうかも見極める必要があります。

(9) 信用調査

建築工事中の建築会社の倒産の恐ろしさについては既に見てきましたが、賃貸管理会社の倒産もオーナーさんにとって大きな問題です。

「集金管理」「滞納保証」「家賃保証」のどの管理システムでも、家賃は入居者から一旦賃貸管理会社に入金され、その後にオーナーさんに送金されます。入居者からの集金後、オーナーさんへの送金前に倒産されると、家賃がオーナーさんの手に渡らない可能性が高くなってしまうのです。敷金についても管理会社が全額預かっているケースも多く、その取り扱いが問題になります。

賃貸管理会社が所属する業界団体の中には、預かり賃料や預かり敷金に対する保証制度を設けているところもあります。加入している賃貸管理会社が倒産した際は、保険会社がオーナーさんに弁済するシステムを取っているので安心です。とはいえ、保険制度があったとしても、実際に賃貸管理会社が倒産すると、オーナーさんにも入居者にもいろいろな不便が出てきます。

したがって、建築会社の選択を決定する場合と同様、賃貸管理会社選びでも信用調査は大変重要です。専門の調査会社に信用調査を依頼するか、業界内の評判をヒアリングするなど、情報収集に努める必要があります。

■チェックリスト6　誠実な管理会社の見極め方

□土・日曜はもちろん、平日は会社帰りにも立ち寄れる時間まで営業し、お客様の立場に立った仕事をしているか

□入居のしおり作成・24時間クレーム対応など入居者を大切なお客様として扱い、対応しているか

□電話対応・窓口対応が素早く丁寧で、話が分かりやすく、ハキハキと明るく、元気な対応をしているか

□「報告・連絡・相談」を欠かさない体制がきちんとできているか

□物件の魅力を捉え、掘り起こして、写真・カラー図面などを多用した、お客様を呼べる効果の高い募集図面を作ってくれるか

□インターネット（物件情報サイト・自社ＨＰ）、情報誌など、いろいろなメディアを活用しているか
□物件情報を自社に抱え込まず、客付けしてくれる他の会社への営業活動やＰＲ活動も積極的に行ってくれるか
□不動産会社の現地募集看板が自己主張しすぎで美観を損ねていないか
□空室物件オーナーには週１回現状報告をしてくれるか
□入居者が決まらないことを自分のことのように心配し、応援してくれるか
□誠意や熱心さ、新しい発想、早く決めて差し上げたいという意欲はあるか
□競合物件のデータなど、明確な根拠を示した上で、賃料のありかた、リフォームの必要性などを的確にアドバイスしてくれるか

第三章　良い事業になりそうかどうかの判断方法は？

第一節　事業収支計画書

【事例】
甘い事業収支計画書を鵜呑みにして失敗した事例

あるオーナーさんは、建築会社の営業マンから賃貸経営の事業計画書を見せられ、「お持ちの土地を活用して賃貸事業を行えば、月々の返済額を除いても毎月30万円の利益になりますよ」と勧められました。毎月30万円の利益になると言われ、オーナーさんは乗り気になりました。

営業マンのもくろみ通り、このオーナーさんは融資を受けて建物を建て、賃貸事業を始めることにしたのですが、聞いていた話の通りにはいきませんでした。いざ始めてみると最初の事業計画には見込んでいなかった経費がどんどん出てきて、支払額がかさみ、月々の返済額とランニングコストを引くと残りがほとんど出ないという、収支トントンの状態になってしまったのです。

相談を受けた私がチェックしてみると、その事業計画では建築費以外の様々な費用がどれも過少に見積もられ、逆に家賃収入の見通しが過大に見込まれていました。素直に計算すれば、もともと収支ぎりぎりになるような条件の土地活用だったのです。

20年ローンで返済計画を立てていたのですが、必要なランニングコストを計算すると、たとえ満室状態を維持できても完済するまではアップアップで、ほとんど利益が見込めません。全ての借入金を返し終わってやっと一息つけるという、ご本人は苦労するだけで次世代だけがなんとかやっていけるような事業計画となっていました。

営業マンはおそらく事業収支計画を作成してみたものの、そのまま出すと儲けがほとんど出ない結果になってしまい、オーナーさんが意欲を無くしてしまうと考えたのでしょう。そこで事業費用を少なく見積もることにしたわけですが、建築会社ですから、自分たちの取り分となる建築費だけは削らなかったのです。

代わりにその他の様々な事業費用を軒並み甘くごまかし、空室率も考慮しないで計算していました。融資の金利についても、その当時が変動金利で1・8％と非常に低い時期だったのをいいことに、その低金利がその先、何十年も続いて全く上がらないという見込みで計算していました。家賃収入の見通しも完全なお手盛りでした。

鉛筆をなめて決めたような事業計画書だったせいでしょう、本来なら費用項目の各欄にあるべき細かな数字は省略され、全て概算でと注釈されていました。いい加減な計画なので、建築会社としても危なくて自分たちで家賃の保証などできません。それに管理費を多めに見込むとオーナーさんの手残りが減ってしまいます。そこで事業計画では最初からオーナーさんの自主管理となっています。

このような都合の良い前提で計算して、「経費を除いた月々のオーナーの利益が30万円」という事業計画書をつくってみせたのです。月に30万円の収益の予定がゼロになってしまっては、オーナーさんの生活設計は狂ってしまいます。新車を買ってみたものの、維持費が大変なのでやっぱり売るというようなわけにはいかないのです。営業マンの口車に乗ってしまったことが災いの元で、こんな危うい事業計画を信用してはいけなかったのです。

1．土地活用着手を判断するための「事業収支計画書」

相続税課税が強化された現在、ハウスメーカーを初めとする多くの方たちから、相続税対策のためとして賃貸経営を提案されているオーナーさんが多いことと思います。中には、「これだけ相続税負担が軽くなるのであれば、賃貸経営の収支はトントンでも構わない」とおっしゃる方もいますが、果たしてその程度の希望的予測で大丈夫なのでしょうか？

既にお話ししたように、賃貸経営は好むと好まざるとにかかわらず、オーナーさんにとって一生の問題なのです。また、次世代にも引き継がせる息の長い事業なのです。トントンで良いと考えて、全く余裕のないリスク管理であれば、賃料収入だけでは多額の借入金返済ができないこともあり得るのです。

今から取り組む賃貸経営が良い事業になるかどうか、直感に基づくのであれば正しい判断はできません。建築系から提出された「事業収支計画書」を、もう一度良く見直してみましょう。客観的なデータに基づき、事業開始時点から10年後、20年後、30年後までの収入の見込み、支出の見込み、収支の見込みが適切に記載されているかどうか、その内容を確認して判断することが重要なのです。

2．二種類の事業収支計画書

受け取った計画書には、実際に手元にどれだけの資金が残るのかを確認するための「キャッシュフロー事業収支計画書」と、賃貸経営事業としての所得額を計算するための「不動産所得事業収支計画書」の二種類があります。

(1) キャッシュフロー事業収支計画書

賃貸経営事業で、いくら収入があり、いくら支出があり、最終的に手元にいくら現金が残るか（ｏｒ足りないか）を計算するのが、キャッシュフロー上の事業収支計画書です。実際の現金収入と支出とを計上して、下記のように収支の差額を計算しています。

(2) 不動産所得事業収支計画書

個人で行う賃貸経営事業では、毎年2～3月、税務署に対して賃貸事業所得について確定申告をする必要があります。法人で行う賃貸経営事業でも、決算期に法人税申告書を提出しなければなりません。その際、下記のように不動産所得を計算して申告を行い、所得税・法人税を納付する必要があります。

資料3－1　「キャッシュフローの計算方法」

収　入		支　出		収　支
賃料 礼金 更新料 共益費 駐車場料金 その他	－	賃貸管理手数料 建物維持管理費 修繕積立金 共益費 固定資産税等 その他経費 支払元本 支払利息	＝	剰余金 （不足金）

資料3－2　「不動産所得の計算方法」

収　入		支　出		所　得
賃料 礼金 更新料 共益費 駐車場料金 その他	－	賃貸管理手数料 建物維持管理費 修繕積立金 共益費 固定資産税等 その他経費 支払利息 減価償却費	＝	利益 （損失）

(3) 二種類の事業収支計画書の相違点

・キャッシュフロー上では、実際の現金収支を計算するために、借入金については支払元本および支払利息の返済金合計額を計上します。
・不動産所得上では、借入金元本は損金ではないので、支払利息だけを必要経費に計上します。また、実際に支出するものではない建物および設備の減価償却費を必要経費として計上して計算します。

次に、事業収支計画書の見本を掲載します。提案者により、項目詳細が異なりますが、基本的考え方は共通しています。

なお、見本ではキャッシュフロー、不動産所得計算上のどちらも、初年度はマイナスになっておりますが、実際には初年度経費を自己資金や予備費で計画しておくことで実際の事業の立ち上がりに余裕を持たせることになります。

資料３－３　「事業収支計画書（見本）」

		項　目	1年目	4年目	6年目	8年目	10年目
収入		賃料収入	10,800	10,800	10,476	10,476	10,476
		空室控除（10%）	-1,080	-1,080	-1,048	-1,048	-1,048
		礼金	900	270	220	220	220
		更新料			110	220	220
		駐車場収入	1,080	1,080	1,080	1,080	1,080
		共益費	480	480	480	480	480
		その他					
		収入合計①	12,180	11,550	11,318	11,428	11,428
支出		**項　目**	1年目	4年目	6年目	8年目	10年目
	返済	元本②	2,097	2,194	2,260	2,329	2,400
		利息③	1,336	1,239	1,173	1,104	1,033
		返済小計④＝②＋③	3,433	3,433	3,433	3,433	3,433
	諸費用	固定資産税・都市計画税（建物）	430	641	621	621	603
		固定資産税・都市計画税（土地）	150	150	150	150	150
		賃貸管理手数料	486	486	471	471	471
		日常清掃費用	360	360	400	400	400
		共益費	380	380	380	380	380
		原状回復工事費用		200	250	300	300
		建物維持管理費用	100	150	200	250	300
		大規模修繕費用（修繕積立金）	500	500	500	500	500
		その他経費					
		創業費用（登記費用、取得税、保険料等）	11,533				
		諸費用小計⑤	13,939	2,867	2,972	3,072	3,104
		支出合計⑥＝④＋⑤	17,372	6,300	6,405	6,505	6,537

（金額単位：千円）

資料３－４　「キャッシュフロー計算の事業収支計画書」

		項　目	1年目	4年目	6年目	8年目	10年目
収支	年間	収入合計 ①	12,180	11,550	11,318	11,428	11,428
		支出合計 ⑥	17,372	6,300	6,405	6,505	6,537
		収支 ⑦=①−⑥	-5,192	5,250	4,913	4,923	4,891
		累積キャッシュフロー収支	-5,192	11,340	21,853	31,699	41,481

（金額単位：千円）

資料３－５　「不動産所得計算の事業収支計画書」

		項　目	1年目	4年目	6年目	8年目	10年目
所得	年間	収入合計 ①	12,180	11,550	11,318	11,428	11,428
		諸費用小計 ⑤	13,939	2,867	2,972	3,072	3,104
		借入金利息 ③	1,336	1,239	1,173	1,104	1,033
		減価償却費（建物）⑧	2,791	2,791	2,791	2,791	2,791
		減価償却費（設備）⑨	3,051	1,800	1,273	905	646
		経費合計 ⑩=⑤+③+⑧+⑨	21,117	8,697	8,209	7,872	7,574
		不動産所得 ⑪=①−⑩	-8,937	2,853	3,109	3,556	3,854
		累積不動産所得	-8,937	-793	5,839	12,749	20,303

（金額単位：千円）

3．検討段階に応じた三種類の事業収支計画書

賃貸経営に取り組むかどうか判断するための事業収支計画書は、相談するパートナーにより作成形式・内容等が異なりますが、検討開始当初の簡易な事業計画から、最終的な税務申告を想定した詳細な事業計画まで、３つのレベルの計画書を作成・提出してくれることが多いようです。

(1) レベル1：一目で分かる単年度の簡易事業収支計画書

まず、土地活用を本格的に検討するかどうかを判断するための、第一段階での事業計画書がレベル1です。土地活用を実施する土地概要が簡潔に記載されています。

① 所在地や最寄り駅、法令上の制限、建築計画
② 建築計画や賃貸住戸の戸数、竣工時期
③ 募集条件としての賃料の単価表
④ 利回り

「年間収支計画」として、家賃収入から維持管理費などのランニングコストを見込み、返済

額を差し引いて、月にいくらの「差引利益」があるかを見ます。この段階では所得税などは計算に入っていません。簡易事業収支計画書では空室率などを見込まないのが一般的なので、よく注意する必要があります。

利回りには、単純に収入を事業費で割った表面利回りと、収入から支出を引いた「差引利益」を事業費で割った実質利回りとがあります。この段階での想定賃料は、空室率や経年変化による賃料の下落、経年劣化による建物メンテナンス費用の増加などを見込んでいないので、手堅く安全な賃料としておくことが大切です。

何枚にもわたる複雑な計画書を見せられても、全体を理解することは難しく、かえって混乱してしまうこともあります。その点、簡易事業収支計画書は、一目で事業の概要と収支計画が分かるので、最初に提示される資料としては最適です。従って、簡易事業収支計画はあくまで事業の成否の目安を検証するための概算資料となります。

(2) レベル2：長期の簡易事業収支計画書

レベル1の計画書に興味を持たれた場合、事業資金借入ができるかどうか金融機関に打診する必要が出てきます。その際、30年間にわたる事業収支計画書を1枚にまとめて提出するのが、レベル2の長期の簡易事業収支計画書です。数字の内容は、単年度の簡易事業収支計画書と同じですが、借入金の返済額や、金融機関から借り入れている金額の残額の推移が分かります。

次のポイントが押さえられているかどうか、確認する必要があります。

①収入金額：収入は一定となっていて、レベル1と同じ金額です。空室率や賃料低下のリスクを織り込んだ手堅い賃料設定かを検証する必要があることは、レベル1の単年度の簡易事業収支計画書と同様です。

②借入金返済：固定 or 変動、借入希望金額、金利、返済金額を記載してありますので、この条件で融資が受けられるかどうか、金融機関に打診して確認する必要があります。

③管理・修繕費：管理・修繕費の金額が一定となっており、注意が必要です。建物は、通常はおおむね5年経過後から修繕費が増加していきます。また、15年経過をメドに大規模修繕も必要になります。管理費や修繕費の内容についても詳細に内訳を検討することが大事です。

④手取り金額：収入から返済金と管理・修繕費を控除した、オーナーさんの手元に残る金額です。将来の空室状況や経費の増加などのリスクを織り込んで検証し、手取金額がマイナスになるような事態に陥ることがないかを検討してみます。

⑤手取累計：手取り金額の計算をしてみます。何年目で、手取累計金額が借入残高を超過できるか、すなわち計画通りに事業が進むなら、何年目で借入金を一括返済できるか検証します。

⑥借入残金：幾ら借入金が残っているのかを睨みながら、一括返済の途も検討します。

（3）レベル3：長期の詳細事業収支計画書

レベル1・2の事業収支計画書はキャッシュフロー中心で、手元にいくらお金が残るのかということでした。レベル3の長期の詳細事業収支計画書では、キャッシュフローの計算とともに、実際の税務申告と同じような事業収支計算書も作成します。これは、税務上は金融機関への返済金について全額は経費と認めないとか、現実の金銭支出としては発生しない減価償却費を税法に従って計算して経費に算入するという、キャッシュフローとは異なる計算をしなければならないからです。

一般的な事業収支計画表：1～10年目、11～20年目、21～30年目と複数枚で構成されることが多い。

サンプル

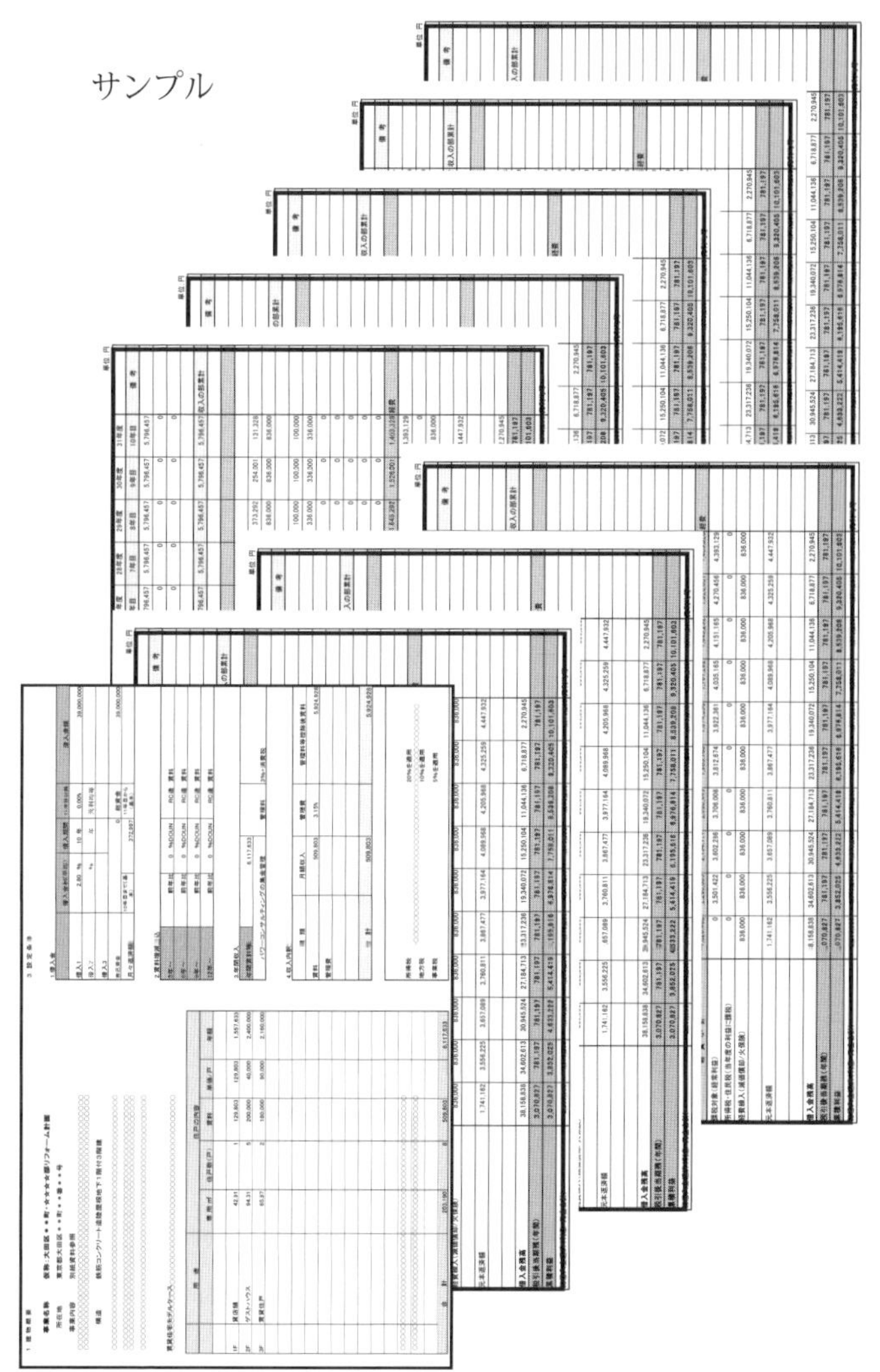

簡易な事業収支計画表：例えば、1～30年目までを1枚で表示し、全体計画を概観しやすくする。

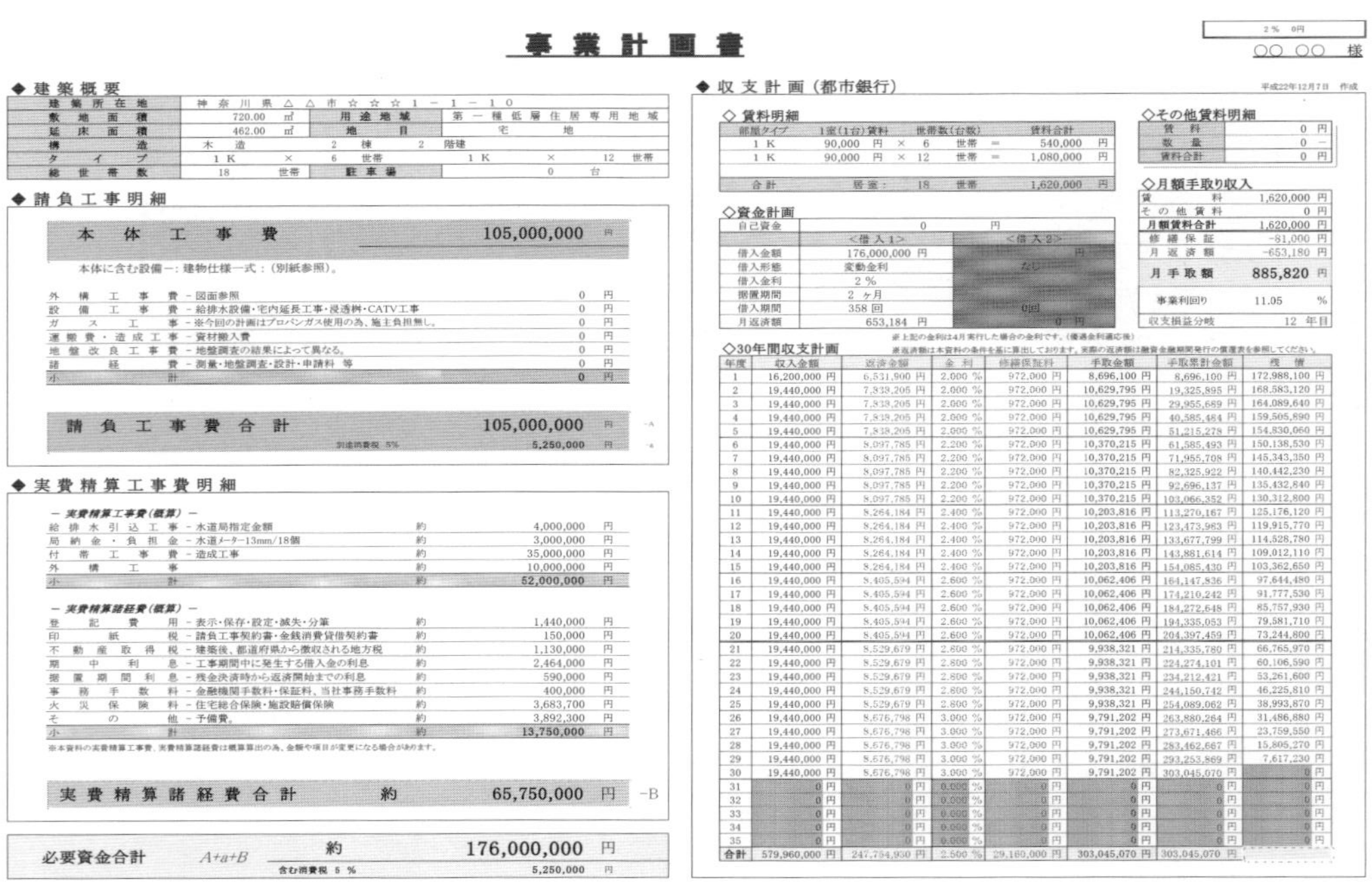

2％ 0円

○○ ○○ 様

事業計画書

◆ 建築概要

建築所在地	神奈川県△△市☆☆☆1－1－10			
敷地面積	720.00 ㎡	用途地域	第一種低層住居専用地域	
延床面積	462.00 ㎡	地目	宅地	
構造	木造	2 棟	2 階建	
タイプ	1K × 6 世帯		1K × 12 世帯	
総世帯数	18 世帯	駐車場	0 台	

◆ 請負工事明細

本体工事費		105,000,000 円

本体に含む設備一：建物仕様一式：(別紙参照)。

外構工事費	－図面参照	0 円
設備工事費	－給排水設備・宅内延長工事・浸透桝・CATV工事	0 円
ガス工事	－※今回の計画はプロパンガス使用の為、施主負担無し。	0 円
運搬費・造成工事	－資材搬入費	0 円
地盤改良工事費	－地盤調査の結果によって異なる。	0 円
諸経費	－測量・地盤調査・設計・申請料 等	0 円
小計		0 円

請負工事費合計	105,000,000 円	-A
別途消費税 5%	5,250,000 円	-a

◆ 実費精算工事費明細

－実費精算工事費(概算)－

給排水引込工事	－水道局指定金額	約	4,000,000 円
局納金・負担金	－水道メーター13mm/18個	約	3,000,000 円
付帯工事費	－造成工事	約	35,000,000 円
外構工事		約	10,000,000 円
小計		約	52,000,000 円

－実費精算諸経費(概算)－

登記費用	－表示・保存・設定・滅失・分筆	約	1,440,000 円
印紙税	－請負工事契約書・金銭消費貸借契約書	約	150,000 円
不動産取得税	－建築後、都道府県から徴収される地方税	約	1,130,000 円
期中利息	－工事期間中に発生する借入金の利息	約	2,464,000 円
据置期間利息	－残金決済時から返済開始までの利息	約	590,000 円
事務手数料	－金融機関手数料・保証料、当社事務手数料	約	400,000 円
火災保険料	－住宅総合保険・施設賠償保険	約	3,683,700 円
その他	－予備費。	約	3,892,300 円
小計		約	13,750,000 円

※本資料の実費精算工事費、実費精算諸経費は概算算出の為、金額や項目が変更になる場合があります。

実費精算諸経費合計	約	65,750,000 円	-B

必要資金合計	A+a+B	約 176,000,000 円
	含む消費税 5 %	5,250,000 円

◆ 収支計画(都市銀行)

平成22年12月7日 作成

◇ 賃料明細

部屋タイプ	1室(1台)賃料	世帯数(台数)	賃料合計
1K	90,000 円	× 6 世帯 =	540,000 円
1K	90,000 円	× 12 世帯 =	1,080,000 円
合計	居室：	18 世帯	1,620,000 円

◇その他賃料明細

賃料	0 円
数量	0 －
賃料合計	0 円

◇資金計画

自己資金	0 円	
	<借入1>	<借入2>
借入金額	176,000,000 円	円
借入形態	変動金利	なし
借入金利	2 %	
据置期間	2 ヶ月	
借入期間	358 回	0回
月返済額	653,184 円	0 円

◇月額手取り収入

賃料	1,620,000 円
その他賃料	0 円
月額賃料合計	1,620,000 円
修繕保証	-81,000 円
月返済額	-653,180 円
月手取額	885,820 円
事業利回り	11.05 %
収支損益分岐	12 年目

※上記の金利は4月実行した場合の金利です。(優遇金利適応後)

※返済額は本資料の条件を基に算出しております。実際の返済額は融資金融期間発行の償還表を参照してください。

◇30年間収支計画

年度	収入金額	返済金額	金利	修繕保証料	手取金額	手取累計金額	残債
1	16,200,000 円	6,531,900 円	2.000 %	972,000 円	8,696,100 円	8,696,100 円	172,988,100 円
2	19,440,000 円	7,838,205 円	2.000 %	972,000 円	10,629,795 円	19,325,895 円	168,583,120 円
3	19,440,000 円	7,838,205 円	2.000 %	972,000 円	10,629,795 円	29,955,689 円	164,089,640 円
4	19,440,000 円	7,838,205 円	2.000 %	972,000 円	10,629,795 円	40,585,484 円	159,505,890 円
5	19,440,000 円	7,838,205 円	2.000 %	972,000 円	10,629,795 円	51,215,278 円	154,830,060 円
6	19,440,000 円	8,097,785 円	2.200 %	972,000 円	10,370,215 円	61,585,493 円	150,138,530 円
7	19,440,000 円	8,097,785 円	2.200 %	972,000 円	10,370,215 円	71,955,708 円	145,343,350 円
8	19,440,000 円	8,097,785 円	2.200 %	972,000 円	10,370,215 円	82,325,922 円	140,442,230 円
9	19,440,000 円	8,097,785 円	2.200 %	972,000 円	10,370,215 円	92,696,137 円	135,432,840 円
10	19,440,000 円	8,097,785 円	2.200 %	972,000 円	10,370,215 円	103,066,352 円	130,312,800 円
11	19,440,000 円	8,264,184 円	2.400 %	972,000 円	10,203,816 円	113,270,167 円	125,176,120 円
12	19,440,000 円	8,264,184 円	2.400 %	972,000 円	10,203,816 円	123,473,983 円	119,915,770 円
13	19,440,000 円	8,264,184 円	2.400 %	972,000 円	10,203,816 円	133,677,799 円	114,528,780 円
14	19,440,000 円	8,264,184 円	2.400 %	972,000 円	10,203,816 円	143,881,614 円	109,012,110 円
15	19,440,000 円	8,264,184 円	2.400 %	972,000 円	10,203,816 円	154,085,430 円	103,362,650 円
16	19,440,000 円	8,405,594 円	2.600 %	972,000 円	10,062,406 円	164,147,836 円	97,644,480 円
17	19,440,000 円	8,405,594 円	2.600 %	972,000 円	10,062,406 円	174,210,242 円	91,777,530 円
18	19,440,000 円	8,405,594 円	2.600 %	972,000 円	10,062,406 円	184,272,648 円	85,757,930 円
19	19,440,000 円	8,405,594 円	2.600 %	972,000 円	10,062,406 円	194,335,053 円	79,581,710 円
20	19,440,000 円	8,405,594 円	2.600 %	972,000 円	10,062,406 円	204,397,459 円	73,244,800 円
21	19,440,000 円	8,529,679 円	2.800 %	972,000 円	9,938,321 円	214,335,780 円	66,765,970 円
22	19,440,000 円	8,529,679 円	2.800 %	972,000 円	9,938,321 円	224,274,101 円	60,106,590 円
23	19,440,000 円	8,529,679 円	2.800 %	972,000 円	9,938,321 円	234,212,421 円	53,261,600 円
24	19,440,000 円	8,529,679 円	2.800 %	972,000 円	9,938,321 円	244,150,742 円	46,225,810 円
25	19,440,000 円	8,529,679 円	2.800 %	972,000 円	9,938,321 円	254,089,062 円	38,993,870 円
26	19,440,000 円	8,676,798 円	3.000 %	972,000 円	9,791,202 円	263,880,264 円	31,486,880 円
27	19,440,000 円	8,676,798 円	3.000 %	972,000 円	9,791,202 円	273,671,466 円	23,759,550 円
28	19,440,000 円	8,676,798 円	3.000 %	972,000 円	9,791,202 円	283,462,667 円	15,805,270 円
29	19,440,000 円	8,676,798 円	3.000 %	972,000 円	9,791,202 円	293,253,869 円	7,617,230 円
30	19,440,000 円	8,676,798 円	3.000 %	972,000 円	9,791,202 円	303,045,070 円	0 円
31	0 円	0 円	0.000 %	0 円	0 円	0 円	0 円
32	0 円	0 円	0.000 %	0 円	0 円	0 円	0 円
33	0 円	0 円	0.000 %	0 円	0 円	0 円	0 円
34	0 円	0 円	0.000 %	0 円	0 円	0 円	0 円
35	0 円	0 円	0.000 %	0 円	0 円	0 円	0 円
合計	579,960,000 円	247,754,930 円	2.500 %	29,160,000 円	303,045,070 円	303,045,070 円	

第二節　事業収支計画を確認する場合の留意点

1. 事業収支計画の3つのポイント＋アルファ

賃貸経営の事業収支計画の内容を確認し、検討する場合には、基本的に3つのポイントがあります。

①「総事業費」
②「収入（賃料）」
③「返済（金利・元金）」の3つです。

これに加え、事業開始後に必要なランニングコストについても、予め見積もっておかねばなりません。これを、「事業収支計画の3つのポイント＋アルファ」といいます。

2. 総事業費

事業収支計画の策定にあたっては、事業経費が全体でどの程度必要なのかを考えますが、賃貸事業開始に必要な費用は、建物本体の建築工事費だけではありません。例えば、外構の整備については建物の本体価格とは別途見積りになっている場合もあります。外構工事はしっかりした植栽計画などをたてて、建物をひきたてるデザインが必要で、そのため余裕のある工事費用も見込んでおかなくてはなりません。

この他にも設計料、消費税、金融機関の借入諸費用、火災保険料、不動産取得税や登記費用、さらにオーナーご自身の仮住まい費用や新居用の家具など、様々な経費項目があります。老朽アパートを建替える場合は、解体費用や立退費用も見込む必要があります。近隣対策費も、予め見ておくことが必要です。近隣住戸から「窓の位置を変えてほしい」「塀を設置してほしい」といった要望が出たときのための予算です。

また注文建築の場合は木造でも、鉄筋コンクリート造でも、追加工事が発生するケースが多いため、予備費用も見込んでおくべきです。こうした諸費用を含めると、総事業費は一般に、建築工事費の１・２倍程度になります。

3．収入（賃料）の見積り

（1）マーケティングからの賃料見積り

総事業費を確認したら、次に収入、つまり「毎月お金がどれだけ入ってくるか」をチェックします。収入とは月々の家賃のことです。どれくらいの収入が見込めるかについては、事前にマーケティングを行い、相場を調べた上で現実的な予測に基づき計算されているはずです。

賃貸経営の場合、賃貸面積×単価で賃料を算出します。全体が同じ面積でも、1戸あたりの面積が広いほど単価は下がり、小さくなるほど単価は上がってきます。このため単身者向けかファミリー向けかで単価は大きく違ってきます。もちろん建物のグレードや立地によっても単価は変わります。そうした条件を勘案しながら家賃収入が予測されているかどうか、よく見てみましょう。

マーケティング資料にも、「募集賃料」ベースのものと「成約賃料」ベースのものがあります。周辺の募集チラシを集めただけで、賃料を判断してはだめです。募集賃料はあくまで貸し手の希望価格に過ぎず、実際の成約賃料を調査し、さらにその物件が満室になるまでどのくらいの期間がかかったのかということも調べておく必要があります。

つまり、マーケティング資料に掲載されている個々の賃貸住宅事例について、実際に現地まで足を運んで確認することが重要なのです。集合郵便ポストに入居者の名前は記載されているか、窓にはカーテンがかけられているか、電力メーターは回っているか、駐輪場に自転車は何台くらい駐輪しているのかなど、「空室かどうか」を確認するのです。

このように活用対象地周辺の賃貸住宅について、交通条件、環境、建物グレードや規模、外構、間取りや設備等を比較して、想定している賃料が本当に妥当なのかを検証することも重要です。長い間見てきている周辺地域ですが、土地活用の観点から足で確認すると、今までとは違った視点から現実データと比較することができます。

また、家賃は常に変動するものです。賃料の相場は経済情勢や周辺の環境ひとつでも変わるため、できるだけ直近のデータが必要です。近くに100世帯以上もあるような大きな賃貸住宅ができてしまったら、たちまち需給環境が変わり、家賃相場も動いてしまいます。そうした情報を集めた上で、活用対象物件の立地や建物のグレードを比較して家賃を見積もることが必要です。

さらに、家賃の滞納や空室リスクについても織り込んで収入が試算されているかどうか確かめてください。部屋が常に満室であり続けるという希望的な計画は避けなくてはなりません。滞納リスク、空室リスクを考え、収支計画では満室時の90％程度の収入を想定すべきです。加えて経年劣化も考慮に入れます。建物は次第に老朽化していき、それに対応して家賃も下げていかなければなりません。新築プレミアムは一般的に5年くらいとされますので、5年後から家賃が2～3％下がるものと想定しておきます。その後も築年数とともに空室率が上がり、家賃収入が下がるものと想定しておくべきです。

もちろん、一流ハウスメーカーの高品質な建物で、メンテナンスも充実し、大規模修繕計画もきちんと考えて施工された物件では、築年数が経っても賃料の低下は緩やかです。反対に工務店がコスト最優先で建てたような物件では、新築プレミアムも5年ともたず、すぐに中古物件の仲間入りをし、10年もすれば老朽物件化して、家賃も大きく下げざるを得なくなるというケースも想定できます。どういう品質の建物か、またどのような管理を行っているかで、建物の寿命や家賃の下落スピードに大きな差が付いてくるのです。事業計画の中には、３年おきに賃料がアップするという、現実離れした提案も見受けられますが、賃料は建物の築年数とともに下落していくことを織り込み、きちんと下落率を見込むべきです。

建物の老朽化以外にも、賃貸マーケットは急速に変化していきますから、長期にわたり正確な数字を予測することは、現実には難しいものです。現在、地方都市に関しては賃料の下落傾向を強めています。一方、首都圏や大都市は比較的安定しており、長期的に家賃を維持できる地域か、それとも下落している地域かによって、賃貸経営の安定度も変わってきます。また、地方ではマーケットそのものが崩壊しているケースも多く、そうした場合には大幅な賃料ディスカウントをしなければ空室が埋まらなくなってしまうことも懸念されます。こうした問題もある程度見込んで、家賃収入に関しては手堅く検討し、安全に見積もることが基本です。

(2) 設計図、賃貸プランからの賃料見積り

マーケティングからの賃料見積りの確認を終えたら、次に必要になるのが設計図および各プランの賃貸面積表です。住居系の設計図には、建物の配置や各住戸のプランが記載してありま

す。そして、各プランの賃貸面積表も添付してあります。例えば、月額の設定賃料がマーケティング調査の結果から坪1万円と見込まれていたとします。その賃料単価に賃貸面積を乗じると月額の収入を算出することができます。

但し、これは概算値であり、実際は3階建てなら3階部分の賃料単価は1万1000円、2階部分は1万円、そして1階部分は9000円というように階層別に賃料を設定し、全体の平均で坪1万円になるように設定します。さらに同じ3階でも、東南側の角部屋（妻側）であれば、1万2000円、南西側の角部屋は1万1500円、中間住戸は1万300円というように、個々の条件に従い賃料を設定していきます。現地の状況から、東南側に大きなビルがあって日照条件や眺望に問題がある場合には、角部屋でも1万円とすることもあります。このように調整すると、東南の角部屋の賃料が高くなりすぎて市場の戸当たり賃料水準から乖離することもあり、その場合は賃料を再調整する場合もあります。

マーケティングの賃料単価や戸当たり賃料を意識しながら、階数や角部屋、中間住戸といった要素を配慮して賃料を設定し、全住戸の合計賃料が平均で坪1万円になるように調整するわけです。このような調整を図るには、各階の住戸プランが記載された設計図が必要です。全体のなかで収益（家賃）の上がる部分がどれくらいあるのか、収益の上がるところは何坪で、収益は最終的にいくらになるかを計算します。

厳密な単価の積み上げではなく、マーケティング結果による賃料査定を収入計画に反映させる方法もあります。そのときに、事業収支計画において以下のような2種類のものの見方があります。

i．階層別賃料比率を考慮してフロアごとに「面積×単価」を出す方法

ii．間取り、設備等から導き出された各部屋の査定賃料から逆算して坪単価を出す方法

収入計画では、賃貸管理業務について、自主管理とするのか、管理業者に委託するのか、家賃保証（サブリース）を利用するのか、空室保証があるのかなどによって、空室率を何パーセントに想定するのかが決まってきます。また、家賃査定が、手堅い余裕のある家賃査定なのか、強気の家賃査定がされているのかによっても、空室率は変わってきます。

資料3－6　「賃料単価の設定例」

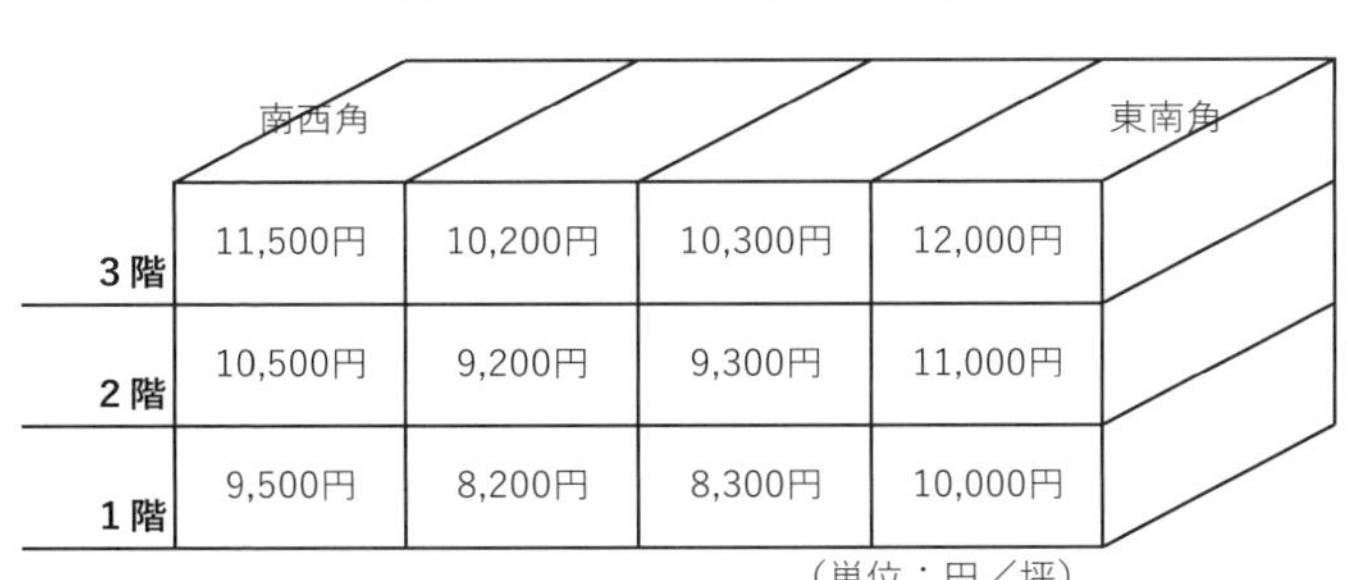

ます。

4．返済計画

総事業費と収入（賃料）の見積数字が出てきたら、次は金融機関への月々の返済計画を考えます。

総事業費が決まれば、自己資金との兼ね合いで、必要な借入金額も確定します。毎月の返済額は、借入金額とアパートローンの返済期間、そして借入金利によって決まるので、できるだけ低金利のローンを探しましょう。金利はローンの返済期間や、固定金利か変動金利かといった借入条件によって変わってきます。金利が比較的低めなのは変動金利ですが、景気などの経済情勢によって日々変わってしまうため、事業計画の段階では正確な金利を確定することはできません。

手堅く固定金利で計算しておくか、変動金利で事業計画を組むにしても、現状が2％だとしたら5年後に1％上がり、さらに10年後にもう1％上がるというように、安全値を考えて高めに設定しておくべきです。

ご自身の経済力や保有資産に余裕がある場合は、まず金融機関から調達可能な借入金額を定め、これに自己資金を加えた金額を総事業費とし、この総事業費の枠内で建築費を決定する方法もあります。つまり、調達可能な総事業費の枠内で、高級仕様の賃貸住宅を建築するのか、住宅機器や設備を充実させるのか、あるいは規模を追求するのか、などを決めていく方法です。

土地活用には、自己資金の割合が上昇すると、事業の安全性もアップしていくという原理・原則があり、このような方法も成功への近道です。

5．ランニングコスト

いったん賃貸経営を始めると、様々なランニングコストがかかってくることをご理解ください。建物の維持管理費、日常の清掃費用、原状回復費用、設備の点検費、メンテナンス費用、共用部分の水道光熱費、長期修繕費用の積み立て、固定資産税や都市計画税などです。もれなく項目を挙げ、しっかりと費用をみておくことが大事です。

管理についてはご自身が行う自主管理もありますが、事業計画の段階で賃貸管理会社への管理業務の委託費用を見込んでおくべきです。一般的には「集金管理」、「滞納保証」、「家賃保証（サブリース）」の3種類の管理システムがあり、それぞれ費用が異なります。どの方法を選択するかはオーナーさんの賃貸経営に対する姿勢によって変わってきます。

修繕などのメンテナンス費用は、建物の品質によっても大きく変わりますが、惜しんではいけない項目の一つです。修繕や日頃の管理によって、建物の品質をしっかり維持していれば、長年にわたって収益をもたらす優良物件になる可能性が高まります。

【事例】ランニングコストを甘く見てしまって、収支が厳しくなった事例

何をするにつけても「もったいない」が口癖の、ケチケチさんがいるものです。こういう人が賃貸経営を始めてオーナーになると、様々なランニングコストを削ろうと奮闘することになります。もちろん経営者として無駄な費用を削ることは当然なのですが、修繕費用など賃貸経営に必須な費用まで削ってしまうと、目先は節約できても、長い目で見るとかえって事業収支が悪化してしまいます。

あるオーナーさんはそんなタイプの方で、普通はランニングコストの一部として見込むべき管理費用や建物の修繕費用などを、「全部、自分でやる」と宣言して、全く見込まなかったのです。例えば原状回復費用、入居者が退去したときの壁のクロスの貼り替えなども、業者には頼まずに全てオーナー自ら貼り替えます。日常清掃はもちろん自分で。植栽の手入れもオーナーがやるのです。

そこまでやろうと考えるのですから、それなりに器用な人だったのでしょう。とはいってもやはり素人ですから、お金を払ってプロに頼むのとでは、仕上がりにはどうしても差が付いてしまいます。私が見たときにも、貼り替えたクロスがところどころよじれていたりして、みす

ぼらしい状態になっていました。確かにコスト節約にはなるかもしれませんが、これでは入居者が決まりません。何よりもクロスの貼り替えに1週間もかけているのです。

さらにこのケースでは、交換が必要と思われる設備のかなりが「まだ使える」と放置されていました。もともと設備に関してはオーナーさんの感覚と、入居者の感覚とではどうしてもズレがあります。水アカのたまった水道の蛇口、サビの目立つドアノブなど、入居者の目から見れば「汚い。もう古い」と感じる設備でも、余計なコストをかけたくないオーナーさんから見ると「まだまだ使える。もったいない」となってしまうのです。

キッチン・バス・トイレ・洗濯機置き場などの水回りは真っ先に入居希望者にチェックされる最重要ポイントです。入居者目線に立てるオーナーさんは、シャワーの取っ手や水栓ハンドルにサビが出ていたら、すぐに新しいピカピカのものに取り替えます。それによって空室が埋まるかどうかの差が付くと考えれば、大きな投資ではありません。

家賃を下げずに満室状態を維持するためには、入居者が日常的に目にし、手に触れる部分については常にリフレッシュして、古さを感じさせないことが大切なのです。それを惜しむと建物の古さが築年数以上に目立ってしまい、見学に来た入居希望者が契約しない原因になります。そしてオーナーさんは、見学者に契約してもらえない理由に気づかないまま、空室に苦しむことになるのです。

必要な修繕費用も「もったいない」と思ってしまうのは、多くの場合、最初の事業計画でそれらの費用をきちんと見込んでいなかったからです。最初から必要なコストであると認識して予算に計上しておけば、節約の対象になる恐れは少なくなります。結局こちらのオーナーさんはなかなか空室が埋まらずに苦労するはめになり、私たちのところに相談に来ることになりました。

このアパートを最初に訪ねたとき、建物全体が妙に薄暗い気がして、よく見たら共用部分の蛍光灯があちこち間引いてあるのです。犯人はオーナーさんで、事業計画で共用部分の電気代を見込んでおらず、それが思ったよりかかるので、「もったいない」と電気代節約のために、2本セットになっている蛍光灯のうち1本を建物全体で外してしまったのでした。

こんな薄暗い物件には、入居者は寄りつきません。そのために空室がいくつも出てしまったら、それによる減収は電気代どころの騒ぎではありません。このオーナーさんはそこに頭が回らずに、「もったいない」発想からくる空室で大損をしていたのでした。これからの時代、先手の修繕やリフォームで建物の寿命を延ばす方が得な時代となってきております。

(1) 日常清掃費用

建物は建てた瞬間から老朽化との戦いになります。建物のあちこちに汚れや傷みが目立つようになると、入居者の住み方も雑になります。人は清掃の行き届いた建物はきれいに使ってくれるのですが、汚い建物、古びた建物はぞんざいな使い方をするものなのです。使われ方が乱暴になると、建物の傷みも進み、どんどんみすぼらしくなって、さらに使われ方が雑になるという悪循環にはまり込んでしまいます。これを防ぐには、日常清掃費用などのランニングコストをしっかり見込んで建物の維持管理に努めることです。

エントランスにチリひとつなければ、誰も紙くずをそこに捨てるようなことはしません。ゴミ置き場がキレイに掃除されていると、みんながきれいに使ってくれます。反対に捨てられた紙くずをそのままにしていたり、ゴミ置き場にゴミが散らばっていたりすると、入居者のマナーはどんどん低下していきます。やがて綺麗好きな人は入居してこなくなり、不良入居者が増えて、建物の荒廃と入居率の低下に悩まされる事態を招くハメになりかねません。

（2）共用部分の電気や水道代

共用部分の電気や水道代も、必要なコストとして予め見込んでおく必要があります。例えば、共用部分の電気代を事業計画に見込まずにいた場合、その料金が「もったいない」からと電気代節約をしがちです。その結果、前述のように共用部分の蛍光灯を間引いてしまうような残念な事態に至ってしまいます。そうすると建物全体が暗くなり「こんな薄暗い物件には住みたくない」と感じさせ、入居者から敬遠されるのです。初めからそのコストを事業計画に盛り込んでおくか、共益費として入居者に負担してもらうか、きちんと決めておくことが必要です。

（3）原状回復工事費用

入居者が退去した際には原状回復工事費用が必要です。経年劣化した内装などを元に戻すための費用です。

この場合、「入居者が石膏ボードに穴をあけてしまった」「タバコの火で塩ビシートを焦がしてしまった」「子供がビニールクロスを破ってしまった」というような、入居者の故意または過失による損傷の補修費については入居者の負担となります。これ以外の経年劣化や使用による自然損耗を原状回復する費用はオーナー負担となるのが原則です。原状回復工事費用は新築して数年間はあまり必要ありませんが、5年ぐらい経つとクロスの張り替えや水回りのパッキンなどの細かい補修が必要になってきます。

原状回復工事費用は入居者の回転率によっても変わってきます。頻繁に入居者が変わる場合には費用は高くなりますが、ファミリー向けなど長期の入居者が多い場合は、1年あたりに換算すると安くなってきます。物件の入居者特性も考慮して、過不足のない原状回復費用を想定しておきましょう。

（4）メンテナンス費用（維持管理費用）

日常使用の中で建物の一部が破損した、住宅設備機器が壊れたといったときに補修する費用です。これは原状回復費用とは別建てで見ておく必要があります。メンテナンス費用は、単年度の予算で見込んでおき、税務申告上では実際に補修した費用を経費として計上できます。メンテナンス費用は築後5年目から増加傾向となりますので、事業収支計画書にもその費用を見込んでおきます。

建物の寿命は鉄筋コンクリート造では40～50年くらいですが、設備の寿命はものにもよりますが7～15年程度です。例えば、鉄部の塗装工事は竣工から5～8年で必要になります。傷んだ塗装を放置すると、内部までサビが進行してしまうので小まめな塗装で長持ちさせた方が経済的です。蛍光灯など消耗品の交換に始まり、手摺りや建具、エアコン、給湯器設備等の修理、タイルの補修、外壁目地のコーキングの打ち替え、階段滑り止めの交換、給水タンクの塗装やパーツ交換、その他アンテナやガス管、水道管の補修など多岐にわたります。定期的なチェックや交換、メンテナンスが必要な項目については一覧をつくり、洩れのないようチェックリスト表の形にしておくと効率的にメンテナンスが実施できます。もちろん窓が割れた、地震でタイルが剥がれたといった予定外の破損もあるので、若干余裕を持って見積もりましょう。

最近の大手ハウスメーカーの建物は耐久性が向上し、メンテナンスフリーと呼ばれるような、維持費用を抑えた建物もあります。良い建物になると、新築から15～20年間、消耗品を除いた細かい修繕費用がほとんど必要ないといわれています。そうした高品質の建物は、どうしても建築費が高めになりますが、修繕費用を含めて考えるとむしろ経済的な場合すらあります。

外壁が吹き付けなのか、タイル貼りなのかでも、初期費用と修繕費用は全く変わってきます。吹き付けの場合、初期費用は安くても定期的に塗装が必要になってきます。

修繕費用をきちんと見込むと、建築費用についての考え方も変わってきます。事業計画を立てる時点では、建物に費用をかけると初期投資費用がかさみ、事業の採算が悪化するように感じますが、高品質の建物は維持費用が安くなるので、長い目で見るとかえって事業収支が良好なケースが多いのです。

(5) 大規模修繕費用

アパート・マンションの建物や各種の設備が正常に機能するためには、日常的なメンテナンスだけでなく、劣化を防止するための定期的な修繕工事が必要になります。適切な時期に大規模修繕工事を実施していないと、建物や設備の機能を回復させることが難しくなり、定期的な修繕工事を実行している場合に比べて費用もかかるようになるからです。

次の長期修繕計画表は、修繕工事が必要になる箇所の工事項目に合わせて、それぞれの修繕の必要周期を長期間にわたってスケジュール表にしたものです。修繕項目は工事内容、設備、部位その他に分けて表示し、修繕周期を組み立ててあります。この周期は、各種データや耐用年数をもとに割り出したもので、建物・設備について竣工時の性能まで回復させるための修繕工事時期を基準にしています。修繕積立のために、生命保険を使って効果的に計画修繕をする方もおります。

まず、建物の竣工後5

資料3－7　「長期的な修繕項目と修繕周期」

項目		周期（年）	備考
塗装・外壁	□鋼製手すり・建具塗替	5～8	風雨の吹き付け状況、道路状況・日照状況による
	□外壁塗替	10～15	吹付塗装（下地補修含む）風雨の吹き付け状況、道路状況・日照状況による
	□外壁タイル修繕	12～15	点検の上、部分補修またはタイル張り替え
防水	□PC外壁目地防水取替	10～15	ウレタン、コーキング取替のみ
	□バルコニー床防水	10～15	目地塗膜防水は別途
	□PC屋根線防水	10～15	床全面急硬性弾性樹脂モルタル塗
その他	□ノンスリップ取替	10～15	使用状況による
	□集合郵便受箱の取替	10～15	ステンレス製が望ましい
給水	□FRP製水槽内面ライニング	15～	メンテナンス状況による
	□給水ポンプ修理	10～15	機械の質、使用状況による（予備も含む）
	□屋内給水管取替	15～20	品質向上のため差がある（地中配管及び共用管も点検）
汚水	□汚水ポンプ修理	5～8	建物の設計状況・メンテナンス状況による
	□汚水処理場・機械装置修理	5～8	建物の設計状況・メンテナンス状況による
	□台所排水管取替	10～15	使用状況による、品質向上のため差がある
	□浴室・洗面所排水管取替	20～	使用状況による、品質向上のため差がある
ガス	□屋外ガス管取替（共用）	20～	建物の設計状況・メンテナンス状況による
	□屋内ガス管取替（専用）	20～	建物の設計状況・メンテナンス状況による
消火警報	□消火ポンプ取替	5～	高層の場合
	□屋内消火栓、配管取替	30～	〃
	□警報設備取替	25～	〃
屋内	□照明器具（共用灯）取替	10～15	白熱灯、蛍光灯設備の取替・使用状況による
	□開閉器取替	25～	主開閉器、共用灯分電盤の取替・使用状況による
屋外	□開閉器取替	15～	引込開閉器屋外灯分電盤の取替・使用状況による
	□照明器具（屋外灯）取替	10～	蛍光灯水銀灯の取替・使用状況による
	□制御盤取替	20～	給水、汚水施設の動力盤の取替・使用状況による

※建物の施工状況・各種素材や施工精度などにより補修の時期は変動します。

～8年で最初に行う必要が出てくるのが、鉄部の塗装工事です。塗装面は太陽の紫外線や雨水の影響で傷みやすく、放置すると内部までサビが進行します。

竣工後10～15年くらい経過すると、外壁の補修は足場を組まなければならないこともあり、場合によっては大がかりな工事も必要となります。バルコニーの防水工事や手摺りの塗装工事、屋上防水工事も同じ時期に行うところもあります。

それぞれの建物に合わせた長期修繕計画書を作り適時実行していくことが大切です。もちろん修繕時期については、現状に応じての見直しも随時必要となります。長期修繕計画書は、オーナーさんの大切な資産を末永く維持するための目安の一つなのです。大規模修繕は木造の場合も鉄筋コンクリートの場合も、15年が一つの節目となります。ついつい「まだいいや」と後回しにしがちですが、「来年やろう」と言いながら気が付くと20年以上経ってしまった、といったケースがよくあるのが現実です。

事業計画の中では、1年間に建築費の1％程度を家賃収入の中から積み立てておき、大規模修繕の予備費用としてとっておきます。ただし、積み立ては税務上の経費になりませんので注意が必要です。大規模修繕にかかった費用は資産として計上し、毎年、減価償却費として税務上の処理をしていきます。

修繕すべきときに実施しておかないと、老朽化が進んで、対処できない事態になってしまうことも考えられます。むしろ「まだ早いかな」と思うぐらいのタイミングで実施するのがちょうどいいと覚えておきましょう。先手先手の修繕計画は、手遅れとなった場合より5年も、10年も建物が長持ちすることになります。建物が長持ちすることによる事業利益は莫大なものです。仮に、建築費1億円の建物で、月に100万円の家賃収入があったとします。そして15年目に実施する予定だった大規模修繕に、建築費の1割、1000万円が必要になったとします。この長期修繕によって建物の寿命が良好な状態で10年延びるとしたら、どれだけ収入が違ってくるか考えてみましょう。月に100万円ということは、1年で1200万円の家賃収入になります。10年では1億2000万円ですから、1000万円の修繕費用を惜しむことで、みすみす1億2000万円の機会損失になってしまうのです。

（6）植栽の維持管理

植栽は建物を引き立てるための大事なポイントです。逆に手入れが行き届いていない植栽は、建物を貧相に見せてしまう恐れすらあります。よくマンションなどで、雑草が伸び放題になっている植栽を見かけます。芝生はところどころ剥げて土が見え、草の中にはゴミが捨てられていたりするとイメージが悪くなり、空室が出てしまうのは避けられません。

良好な植栽を維持するには、年に最低2回は造園業者による手入れが必要です。また造園業者は日常の雑草取りなどは行わないので、別途費用を払って人に頼むか、あるいはオーナー自身できちんと手入れをしなくてはなりません。日常清掃と同様に植栽の手入れも、予めしっかり予算に見込んでおかなくてはなりません。最初に見込んでおかないと、後から気が付いても「費用がもったいない」と放置してしまいがちです。それが空室リスクにつながることは言うまでもありません。

このように外構のメンテナンス計画もとても大事です。修繕費用も含め、建物のイメージの維持に必要なコストとして事業計画できちんと見込んでおかなくてはなりません。計画的な維持管理が、20年後、30年後の建物の価値に大きな差を生むのです。

6．土地活用事業に着手するかどうかの判断

提出された事業収支計画書の内容を確認し、事業として着手するかの判断をする際に重要なことは、総事業費は多めに、収入（賃料）は控え目に、返済（金利）も手堅く、ランニングコストはしっかりと見込まれている事業計画書であるかどうかということです。

とはいえ、微妙なサジ加減も大切で、全てにわたって安全を見過ぎると、どんなに好条件の土地活用でも計算上、事業として成り立たなくなってしまうこともあります。石橋を叩きすぎて渡れないというのでは、土地活用の意味がありません。リスクとリターンのバランスの取れた適切な計画を立てていくことが求められます。

事業計画は、少なくとも20年先まで見込んで立てておきます。とりあえず最初の20年を健全経営できれば、建物は老朽化してきても、借入金の返済が進んでいるので、何かあっても再生の方法があるからです。できれば返済期間が完了するまでの長期事業収支計画を立てておくのが最良です。もっとも10年以上先の経済情勢は、どんな優秀な経済アナリストでさえ正確には予測できません。30年前につくった計画通りに現在も事業が推移しているというケースはまずないでしょう。

長期の事業収支計画といってもあくまでも見込みであり、あまり細部にこだわっても仕方ありません。ただ、実際に事業を始める前に、目安として20年先、できれば融資を返済し終えるまでのイメージをつかんでおくことは重要です。実際に事業が始まったら、その長期計画と見比べて現状がどう推移しているのかを定期的にチェックしていくことも重要です。

第四章　着工から完成までのスケジュール管理

【事例】営業マンにせかされて失敗した事例

賃貸経営の業界であまり評判の良くない、ある建築会社とトラブルになった方から相談を受けたことがありました。

60代後半のその男性は、手持ちの100坪ほどの土地に、建坪70～80坪ほどのアパートを建てる計画を、この会社の営業マンから持ちかけられたのです。

いろいろとよさそうな話をされ、乗り気になったところで基本契約をせかされ、いったんは契約し200万円を払い込んだのですが、家族に反対されてしまいました。そこで、建築前に解約しようとしたところ、なんとさらに1000万円もの違約金を請求されてしまったのです。

こちらのご家庭には、60代のご夫婦の他に、30代半ばの息子さんがおられました。けれども息子さんは仕事が忙しく、土地活用についてちゃんと相談する機会がないまま、お父さんが建築会社との契約書に判を押してしまったのが裏目に出てしまいました。

建物は1度建てれば20年、30年の寿命があるわけですから、賃貸経営を行うかどうかは、息子さんにとっても人生に関わる大問題です。

このケースでは外構工事なども含めた一式で総費用2億円をかけて3階建てのアパートを建てる計画になっており、融資の返済も30年という長期にわたる計画でした。地主さんは60代も後半ですから、この2億円は次の代にも引き継がれることが当然予想される負債であり、息子さんも融資についての連帯保証を求められたのです。

お父さんに判を押させるまでに建築会社が出してきたのは、ごく簡単な間取りプランと収支計画書だけです。契約書そのものも基本契約書と称する、紙1枚の簡単なものでした。営業マンはそれについて、「いつでもやめられますから」というような言い方で、地主さんであるお父さんに判を押させてしまったのです。

さらにお父さんは「契約時に２００万円が必要です」と言われ、契約書に判を押した後、先方にそのお金を振り込んでいました。

息子さんはこのような建築会社側のやり方に不信を強め、「絶対反対」と言い出したのです。ところがお父さんが判を押した紙切れ1枚の契約書は、いつでもやめられるどころか、実際には工事請負契約に準ずるような内容でした。「発注者の責により契約を解除する場合、違約金として工事費用の5％を支払う」となっていたのです。

2億円の5％ですから、１０００万円ということになります。息子の反対を理由に解約を申し出たお父さんに対し、建築会社側は契約書に記されたこのペナルティ相当額を要求してきたのでした。

建築会社の営業マンに乗せられ、よく考えないで契約書に判を押してしまったための、痛恨の大失敗でした。

第一節　主な業務に関するスケジュール管理

土地活用の事業で、マーケティングとともに重要なのが、事業化へのスケジュール管理です。例えば、賃貸マンション建築の場合では、最初に土地活用事業を計画してから、マンションの完成まで1年半から2年半程度かかります。この間に、マーケティング調査、建築会社の選定、建築費の調整、プランの比較検討、事業収支計画書の作成、金融機関への融資打診、工事監理、賃貸管理会社の選定、入居者の募集など、様々な調整が必要になります。これらの工程を円滑に進捗していくためにも、スケジュール管理が重要になってくるのです。

ここでは、工程表のサンプルをみながら、土地活用事業にはどのような作業があり、どのようにスケジュール管理をしていくか、そのマネジメント方法を確認していきます。土地活用事業の流れを時系列で示すと、次の図のようになります。

9月	10月	11月	12月	1月	2月	3月	4月	5月
定期打ち合わせ（色決め・素材決めなど）			上棟式		施主検査 **竣工式** 引き渡し	経営の開始 相続対策効果 収益の発生 ここからが本当のスタート		
施工現場チェック 設計/施工調整 追加工事の検証・現場の問題解決サポート 管理会社選定サポート・テナント募集確認					完成立会 書類チェック	定期診断・ファイナンシャルプランニング		
施工期間：階数＋2～3か月			上棟		完成検査 引き渡し	アフターサービス 定期点検・修繕		
			上棟時金 融資実行		完成時金 融資実行	返済開始		
管理会社の内定 契約書チェック		管理委託契約 締結	募集期間		建物案内 入居者選定 審査 賃貸契約	入居のしおり・取扱説明 管理開始		

資料４－１　「土地活用の流れ（スケジュール表・見本）」

OOOO様：OO2丁目土地活用プロジェクトスケジュール表（3階建てイメージ）

	1月	2月	3月	4月	5月	6月	7月	8月
オーナー様	情報収集	各種打合わせ	パートナー面談	各社プレゼン 資金計画	収支確認コンセプト確認	詳細計画ビジョン確定	決断 工事契約	**地鎮祭** 着工
借　家　人 ※立退きある場合	調査→交渉 弁護士等と連携		明渡し合意　→　覚書		退去確認 立退き料 支払い		建物解体	
コンサルタント会社 ※委託する場合	情報収集 基本調査	マーケティング 公的融資等 調査	各種調査 （金融機関等）	建設会社比較 事業収支	選定補助 最終収支 契約チェック	資金計画 確認	近隣対策 サポート	関係機関 折衝 地鎮祭参加
設計事務所 or **ハウスメーカー**	基本計画・概算見積提出				設計・行政 事前協議	方針・ 業者決定	建築確認 近隣対策	確認認可 **着工**
金融関係	銀行・ノンバンク等の調査・選定					金融機関決定 申し込み・審査		金銭消費 貸借契約 **着工時金** **融資実行**
募集・管理 テナント 入居者関係	管理方法研究・管理会社研究				管理に関する方針調査・選定 （集金管理・滞納保証・サブリース）			管理会社 選考

1．コンサルタントとの相談

オーナーの「土地活用について検討したい」という意向を受けて、相談に乗ってくれるコンサルタントを選定し、「土地活用コンサルティング業務委託契約」を締結し、土地活用相談を始めます。コンサルタントは現地を確認するところからスタートし、立地条件や法制面から可能な土地活用方法を探ります。現地周辺のマーケティング調査と賃貸需要、入居者やテナントのターゲット層をどこに絞るかの検証を行い、基本プランをつくります。

最初の基本プラン作成では、敷地を調査し、その立地や形状、法令による制限を調べて、どのくらいのボリュームの建物が建てられるかを確認します。面積は同じでも土地の形によって、また容積率の制限がどのくらいかで、建てられる建物の大きさが変わってきます。敷地の前面道路の幅員等によっても容積率が変わります。それにより全体計画も異なってきます。

2．マーケティング

基本プランでは、細かな間取りなどには踏み込みませんが、建物が2階なのか、3階なのか、それ以上の高層とするのかといった、大まかな建物の規模を決めます。すると単身者向けの戸数がいくつ入るか、ファミリー向けならどうか、といったことが大体分かってきて、賃貸事業として「いけそうかどうか」が判断できるのです。階数が決まることで、エレベーターを設置するかどうか、全体として南向きになるのか東向きになるのかといった建物のイメージ、更にアプローチ、エントランスなど敷地の配置計画、外構やその中の駐車場や駐輪場などについても、おおよその見当が付いてきます。

賃貸住宅と決まったら、それに沿って市場調査を行い、さらに一歩進み、入居者のターゲットを検討します。その後、オーナーは具体的なプラン、見積もりを作成してもらうために設計事務所に基本計画・概算見積書作成を依頼するか、直接、いくつかの建築会社の候補に依頼するかの段階に入ります。

3. 設計事務所の選定

建築会社が設計する場合もありますが、デザイナーズマンションなどは設計を設計事務所に発注し、意匠、構造、設備という区分で設計を進めてもらうことも多くあります。マーケティングが終わったら、設計事務所を数社選定してプレゼンテーションの作成を依頼します。設計事務所が作成したプレゼンテーションをもとに、賃料査定や事業性を検証します。提出されたいくつかのプレゼン内容を検討し、正式に依頼する設計事務所を決定し、設計業務委託契約を締結します。設計事務所は基本設計（面積、階数等の基本部分の平面図、断面図、立面図）の作成に入りますが、基本設計には3カ月程度を見込みます。

基本設計図と併せて建築会社向けの見積り用図面作成も依頼します。設計事務所は基本設計完了後、実施設計作成に着手し、建築材料の素材、設備機器の選定、詳細寸法計画などを作成します。間取りや設備機器、仕様についても随時打ち合わせを繰り返します。住宅機器メーカーのショールームで、実際の住宅機器を確認してもらいながら決めていきます。

■チェックリスト7　設計事務所

□建築主との打合せは実際の設計者（建築士）が担当しているか
□完成後のイメージを分かりやすく伝える努力をしているか
□設計は外注任せにしないで自社設計となっているか
□基礎計画・構造などについて詳しく誠実に説明してくれるか
□設計図は必要枚数そろっているか（平面図・立面図・配置図など）
□打合せの際、建築主の質疑に対して誠実、正確な対応ができるよう努めているか
□最新の設備や入居者ニーズについて勉強しているか
□デザインとコスト・メンテナンスのバランスを考慮しているか

4．事業収支計画の決定と建築会社の選定

建築費が概算で出てきて、戸数も決まってくると、土地活用事業の収支計画をつくることができます。ファミリー向け、単身者向けが、それぞれ何世帯入り、家賃をどの程度に設定するのか。自己資金はいくらで、融資をいくら受け、その返済計画は何年とするのか。これらの見通しに基づいて基本的な収支計画を作成し、オーナーさんの土地で、賃貸事業を行って採算の見込みが立つかどうかを判断します。そこで「いける」と見通しが立った段階で、初めて実際に建築をするかどうかの決断がくだせるのです。

そして賃貸経営を行うと決断した後、プランの最終選定に入るわけです。オーナーさんに声を掛けられた建築会社は、プレゼンテーションのためにより詳細な地域マーケティングに入ります。単身者向けならば、どれくらいの広さの部屋に対するニーズが強いか、といった検討を行います。1戸が20㎡程度になるのか、30㎡に近いものになるのか。それによって1フロアに何戸入るのかも変わってきます。「単身者向けだけでなく、2階、3階はＤＩＮＫＳ向けにしてはどうか」「1階は店舗にしてテナントを入れることはできないか」といった検討も行い、立地と地域のニーズをにらみながら絞り込んでいくのです。

こうして収支シミュレーションを含む各社の詳細な事業計画が提出されてきたら、オーナー

さんはそれぞれの計画を比較し、それをもとにパートナーとなる建築会社を選定することになります。

スケジュールとしては、まず1カ月程度で基本プランを作成してもらって、事業見込みを判断し、それで「いけそうだ」となったら各社にプレゼンテーションのための詳細な事業計画を出してもらい、それを比較するのに2カ月はみます。建築費用の見積もりと、設定されている賃料、予定金利などが適当かどうかをみて、どの業者にするかを決定します。

検討開始から建築業者の決定までに3カ月というのはスムーズにいった場合で、じっくり構える場合は、6カ月くらいはかけていいでしょう。「貴方の会社に決めました」と決定するのは慎重に考えなくてはなりませんが、かといってあまり時間をかけすぎても迷いが生まれて、決断がつかなくなります。これまでの経験上、3カ月から6カ月程度の期間で選定するのがベストではないかと思います。

設計事務所の実施設計をもとに、建築会社が積算し、本見積書を提出します。それに対してコンサルタントが工事金額の値下げ交渉や減額調整（VE：バリューエンジニアリング）を行って工事請負金額を決定します。業者と工事金額が決まったら、契約書に判を押すことになります。

5．金融機関の選定

オーナーさんが自己資金だけで賃貸マンションを建築することは稀で、ほとんどは金融機関から融資を受けて事業を行います。また、金融機関からの融資額で事業規模も決まってしまうので、オーナーさんはコンサルタントの協力を得て事前に金融機関と交渉し、有利な融資の取り付けと事業のスケジュールに沿った融資が実行されるよう段取りをしていかなければなりません。

コンサルタントが作成した事業収支計画書とマーケティング調査資料、設計事務所の基本図面・見積書、土地の登記記録事項証明書などの資料をもとに、複数の金融機関に融資の可能性を打診します。その中から、融資金額、返済期間、金利、返済方法、保証料などの融資条件を比較検証して金融機関を決定します。融資内定後に金融機関と金銭消費貸借契約を締結し、融資実行を受けます。融資は、建築工事請負契約、着工、上棟などの時点で、つなぎ融資を併用しながら、工事出来高に応じて実行してもらいます。

第二節　建築工事に関するスケジュール

1．建築確認申請から工事監理

設計事務所は、実施設計の完了後、速やかに建築確認申請を特定行政庁の建築主事か民間の指定確認検査機関に提出します。建築確認済証の取得には1～2カ月を見込んでおきます。地方自治体の条例に従って建築お知らせ看板を現地に設置し、近隣説明を開始します。確認申請に要する期間は、確認申請を受理後、申請内容に問題がなければ、木造2階建ての住宅では7日以内、構造計算が必要な木造3階建て住宅や鉄骨造・鉄筋コンクリート造の場合は35日以内に確認済証を発行するように建築基準法で定められています。なお、確認申請提出前に事前協議が必要な場合、プラス1～2週間かかる場合があります。工事監理も設計事務所が行いますので、オーナーは「月次監理報告書」を受領してチェックを行います。

2．建築工事期間の目安

確認済証を取得できれば、建築工事に着手することができます。建築会社と建築工事請負契約を締結し、地鎮祭（安全祈願祭）を執り行います。工事期間中は、月例の現場会議が行われるので工事の進捗状況を確認します。

着工から完成までの工期の目安は、建物の規模や工法によって変わってきます。注文建築と比べて、ハウスメーカーは建築工期が短いことが特徴です。基本的に工場生産された部材を現地に運び、現場では基礎工事と組み立てだけだからです。軽量鉄骨や2×4工法などの2、3階建てのアパートなら、4～5カ月の工期をみておけばいいでしょう。

鉄骨が組み上がるまで1カ月ぐらいしかかかりません。2階建てのアパートなら、それから2カ月で上棟し、その後、内装や外構の工事をすませ、合わせて4カ月程度で完成してしまうのです。

木造の在来工法の場合、より手間がかかるので、ハウスメーカーの工期に比べ、着工から上棟までプラス1カ月はみる必要があります。

鉄筋コンクリート造の場合、一般に工期は「階数プラス3カ月」と言われます。3階建てなら3を足して6カ月。10階建てなら13カ月です。それにプラスして、基礎工事の時間がかかります。基礎工事の工期は現地の地盤の性質、上物の建物の重さによって変わってきます。地盤が軟弱で、アースドリルなどで杭打ちを行う地盤工事が必要な場合、支持層の深さによって3週間から1カ月の期間をみなくてはなりません。

地盤工事が必要かどうかは、建てる建物の重さによっても変わってきます。ハウスメーカー系のアパートや木造建築は概して軽量なので、ベタ基礎で十分な場合が多くなります。逆に重量鉄骨や鉄筋コンクリート造の建物は重いため、基礎工事には時間がかかります。地盤の条件によって、１カ月は余計にみなくてはいけないでしょう。

工事期間が長いほど、天候などのスケジュールを遅らせてしまう問題が出やすくなります。基礎工事や外装工事では天候が遅れの原因になりがちです。大事な基礎を打つときは、どしゃぶりの中でコンクリートは打てません。強度が低下してしまうからです。鉄筋コンクリートで４階建て以上の高さの建物なら、スケジュールに多めの余裕をみた方がいいでしょう。

工事が完了し建築会社の社内検査合格後、建物が竣工してから４日以内に、建築主事か指定確認検査機関に「完了検査申請書」を提出し、検査を受けて「検査済証」を取得します。この、「確認済証」と「検査済証」は、建物が建築基準法に適合していることを証明する書類であり、融資を受けたり売却をする際には必要となるため、大切に保管しておきます。

その後、設計事務所の監理者検査、コンサルタントの検査、オーナーの検査を受け、手直し工事が必要な箇所についての指摘を受けます。指摘事項の手直し工事が終了した確認を受けて初めて引渡しとなります。

■チェックリスト8　工事の施工上の注意

□工事進行にあたり現場監督と設計者は協力・連携関係にあるか
□現場任せにして工事現場に設計者の姿がまるで見えないようなことはないか
□主要な検査には設計者も立ち会っているか
□工事の主要部分（木造であれば大工工事）を外注下請け任せにしていないか
□下請け・孫請け・玄孫請けなどの体質になっていないか
□現場のモラルは低下していないか、整理整頓は出来ているか
□節目ごとの検査体制に不備はないか（基礎・躯体・設備等）
□検査員の資質、検査回数、検査内容とも適正なレベルにあるといえるか
□監督は検査結果を書面にして、その都度、建築主に報告しているか
□工事期間中も建築主の質疑やクレームに速やかに対応できる体制が整っているか
□現場見学はいつでも快く応じてくれるか（行き過ぎは禁物・適度な施主現場チェックを）
□不動産会社の入居者案内時には現場も協力してくれるか
□現場の周辺や近隣地域への環境等の配慮がなされているか

第三節　建築工事に付随する注意点

1．既存建物解体作業

土地活用の対象地が更地ではなく既存建物がある場合は、その解体工事の期間もみておかなければなりません。既存建物の構造や規模によって解体工事の期間・解体工事費が決まるので、現地の状況に応じて解体時期を決定します。建築会社が解体業者を手配することもあります。なお、解体工事がある場合、近隣対策は工事前に済ませておきましょう。

既存建物が賃貸住宅・ビル等で入居者・テナントがいる場合は、立退交渉の時間も必要なので、設計に着手する段階から立退交渉を始めなければなりません。

2．オーナーの仮住まい

オーナーが活用対象地上の建物に居住している場合、仮住まいを探す必要があります。仮住まいには賃料が発生する上、生活も不便になることが多いので、仮住まい期間は事業に差し支えない範囲で、なるべく短くなるように調整します。

3．権利調整

スケジュールを組む上で注意しなければならないことは権利調整です。立退き、近隣対策、共有名義の問題などを解決したうえで建築する場合は、利害関係者がいることなのでスケジュールが予定通りにいかないことがあります。このようなケースではオーナーと予め合意を取っておくことが必要です。

なお、権利調整に関する諸問題は、次の第五章でご説明します。

第四節　余裕のスケジュール管理が成功の鍵を握る

余裕あるスケジュールとは、どのようなものでしょうか。時間的余裕は、あまり持ちすぎてもいけませんが、全体として2～3カ月みておくことで、何か起きたときにもあわてないで対応できます。

まずマーケティングから建築各社のプランが出揃うまで、3カ月をみます。各社のプランを検討して建築会社を決定し、細部を詰めて工事の契約をするまで更に3カ月。設計と施工の会社が分かれた場合には、「見積もり落とし」が出やすいので、見積もりのチェックに更に1カ月をみます。

ただし以上の期間は、建築会社が大手ハウスメーカーであれば、短縮することが可能です。商品が規格品であり、細かなところまで仕様が決まっているので、細部を詰める時間を省けるからです。設備や内装についても、一から考えなくてもカタログから選べばいいようになっています。賃貸住宅に慣れたハウスメーカーであれば、現場を見て最初に最適なプランを出してきますから、それで決めてしまえば、マーケティングから2～3カ月で契約に至る場合もあるでしょう。ただし、どのような建築会社でもそのように手早く進められるわけではありません。

建築会社の選定が終了して以降は、大きく「工事契約を結んでから着工まで」と「着工してから完成まで」の2つの段階があります。そのどちらの段階にも、1カ月程度の時間的余裕をみておく必要があります。思わぬことが必ず起こるものだからです。

着工までについて考えると、借地権が設定されていたり共有名義であったりして、着工前に権利調整が必要な物件であれば、そのための十分な話し合いの時間をとる必要があります。

マンションやアパートを建築する前には、建築会社が近隣住民に工事や建物について説明をします。これを「近隣対策」といいます。これから始まる工事について、ご近所の住民と合意形成をはかるためです。近隣は日照、目線（プライバシー）、用途、安全、騒音などを気にします。これについても、一定期間をみておく必要があります。

金融機関への融資の打診は、工事請負契約調印の前、基本プランの段階で行った方がよいです。融資の審査が長引くこともあるからです。審査には1カ月はみておいた方がよいでしょう。正式契約締結は、審査のOKが出てからになります。ただし審査が通っても、実際に融資が実行される際には、建築確認が下りていないといけません。融資をいつ受けるかは、自己資金との兼ね合いになります。

一般的に工事の代金支払いは、着工時1／3、上棟時1／3、完成時1／3です。それほど規模が大きくない工事では、着工時1／3で、完成時に残金ということもあります。自己資金で着工時の代金がまかなえるのであれば、融資を受けるのは着工後、あるいは完成時でいいわけです。

■チェックリスト9　スケジュール

□賃貸経営を行うことの是非について、家族できちんと話し合ったか
□業者の言いなりになるだけでなく、自分できちんと勉強しているか
□1社だけでなく、数社から話を聞き、比較検討しているか
□自分なりのスケジュール表を作成したか
□基本プランの作成に十分な時間をとっているか
□パートナー選定に十分な時間をとっているか

□事業計画における、建築費の見積もり、諸経費の見積もり、マーケティング、家賃の設定が適切かどうか
□契約前に、業者の信用調査をしっかり行ったか
□契約書の内容をしっかりチェックしたか
□設計と施工で業者が分かれているとき、十分な見積もりチェックを行ったか
□金融機関の審査期間や工期には十分な余裕をみているか
□地盤の調査結果を織り込んであるか
□完成予定時期は適切か
□着工までのスケジュールに十分な余裕をみているか
□工事期間に、天候などによる遅れを見込んであるか
□解体工事がある場合、近隣対策の時間はその前にみているか
□完成後の施主としての検査はしっかり行ったか

第五章　土地活用のリスクマネジメント

第一節　近隣対策の考え方

【事例】

近隣対策で問題が起きた事例

●ケース1　敷地境界トラブルに発展した例

あるオーナーさんが、首都圏の住宅地にある敷地に5階建てのマンションの建築を計画しました。

挨拶回りの時点では大きな波乱はありませんでした。ところが建築計画を説明し、建物が5階建てになると知ったとたん、隣接する家の人が難色を示し、建築計画に対して猛烈な反対運動を始めたのです。ただ反対するだけでなく「建築図面の敷地境界は間違っている」と主張し、それまでの境界よりも1mほどもこちら側に寄った位置に、自分でロープを張り巡らしてきたのです。そして全部で10坪ぐらいの土地に「ここは私の土地だ」と「土地侵奪」の訴えを起こしてきました。明らかに建築計画に対する嫌がらせですが、敷地境界紛争ということで、裁判になりました。

最終的には建築主側の主張が認められ、裁判所から排除命令が出たのですが、境界が確定するまでは工事を強行することができず、裁判のために半年も工事の開始が遅れてしまうことになりました。

反対した人は裁判で負けると次に、自分の敷地内に亡くなったおじいさんの遺影の看板をマンション側に向けて掲げました。その看板は高さがなんと3ｍもありました。「おまえの工事のせいでおじいさんが亡くなった」と言うのです。このおじいさんは反対運動をしている人の家族で、工事が始まる前から入院しており、病院で亡くなったのです。つまり完全な言いがかりなのですが、この巨大な遺影がマンションの住居から丸見えの位置にあって、非常に不気味でした。

先方の敷地内とはいえ、明らかな経営妨害です。裁判で争うかどうか、こちらも悩みましたが、結局、看板が見えないよう大きな木を植えて目隠しをすることに落ち着きました。

●ケース2　金銭を要求された例

都内の住宅地の事例ですが、建築計画を知った近隣の住民の中に、朝の6時という時間を指定して「説明に来い」と言ってきた人がいました。それも一度や二度ではなく、何度となく呼びつけ、1回行くと何時間も解放してくれずに延々と説明を繰り返させるのです。明らかな嫌がらせです。

近隣説明にうかがうときは、建築主側は施主、建築会社の営業マン、現場長、設計士、管理会社の担当者など、それなりのメンバー5、6人で出かけます。このケースでは途中からコンサルタントとして私も加わりました。

何度も「朝6時に来い」と言われて、全員でその家の前に集まったとき、1人が3分だけ遅刻してきたことがありました。全員が揃うまで待とうと、3分遅れで訪問したのですが、たちまち「遅刻するとは何事だ」と因縁をつけられ、夜中の12時まで帰さずに文句を言い続けるといった様子です。こうした呼び出しを何度も繰り返されると、こちらとしては貴重な時間を浪費させられ、いい加減に嫌気が差してきます。

相手はそれが狙いでした。こちらがうんざりしてきたところで、遠回しに金銭を要求してきたのです。こうした相手は、会社の姿勢や設計上の問題など、およそ難癖をつけられそうなところはどこでも突いてきます。このケースでは「メーカーの態度が悪い」と、ハウスメーカーの本社社長に内容証明を送りつけるようなこともしてきました。

私がコンサルタントとして加わったときには既に相手の要求が金銭であることははっきりしていたので、毅然と対応することを決め、「決してお金は払わない」という方針を施主や建築会社との間で徹底しました。こういう相手に対しては建築側がチームとして団結することが肝心です。相手に振り回され、お互いに疑心暗鬼に陥ってしまっては思う壺です。

施主さんは一時、相手のしつこさに気持ちが折れかけ、お金を払って解決する方針に傾きかけたのですが、一度お金を払ってしまったらこの先、賃貸経営が始まった後でも同じ関係がずっと続くことになります。「説明に来い」という呼び出しに対しては、10回までは行き、十分に誠意を尽くしたと判断したところで、以後の呼び出しについては無視しました。最終的には、金銭は一切支払わないで決着したのです。

1. 近隣対策の基本的な考え方

自宅の周りに建物が建つとなると、とかくネガティブな反応が出てくるものです。2階建てのアパート程度なら反対は少ないのですが、それでも反発は起こります。まして3階以上の階数ともなると、ある程度の覚悟が必要かもしれません。高層建物では日照や眺望の問題も出てきますし、ペット共生型やライダーズマンションなど、何らかの付加価値がついた住宅の場合、説明を間違えるとマイナスイメージで受け取られる可能性もあります。近隣の人たちには、「どんな建物が建つのか」「どんな人たちが出入りするのか」という不安もあり、妬みややっかみ、時には親の代から続く因縁まで絡むこともあります。

反対があったとしても、法令上のルールを守っていれば建築は可能なはずですが、現実には周囲の声を無視するわけにもいかず、設計変更を迫られる例は珍しくありません。時には建物規模の縮小を迫られた結果、当初の収支見込みが狂ってしまい、賃貸事業そのものの成否が問われることもあります。一度、計画を断念してしまった土地は、それ以後も継続が困難になります。

ですから「この大きさの建物を建てる場合、近隣にどういった問題が考えられるか」について、事業計画作成の段階からしっかりリサーチすることが必要です。近隣紛争がないことが、建築確認の要件となっている自治体もあります。建築確認の条件として、予め近隣に建築計画を説明し、その了解をとっておくことが定められているのです。建築予定地から一定範囲内にある住民の同意書を求められることもあります。

対策としては、まず「反対があるかもしれない」との覚悟を固め、建築法規を守った上で、予め設計士と窓の位置・境界線から建物までの後退距離その他について十分な打ち合わせを行い、近隣への配慮がうかがわれる建築プランを作成することです。建築会社を選定する際には、その会社の近隣対策の考え方もヒアリングしておきましょう。

賃貸管理会社も含め、どのような説明を行うか決めておく必要があります。賃貸経営では近隣住民の皆さんとのお付き合いが重要ですが、それは入居者だけでなく管理会社にとっても同様です。

2．近隣対策の具体的な手順

自治体によって異なりますが、一般的には建築確認申請の30日ほど前に、予定地に「建築計画のお知らせ」という告知看板を立てます。告知内容は建築の規模と用途、それに現在の敷地状況などです。告知看板を立てたときに、最初の近隣挨拶回りを行います。その際は、近隣問題に慣れている建築会社の営業マンと事前に打ち合わせしておきます。近隣の皆さんから反対や反発が出てくるのは、まず建築計画が決まって最初の近隣挨拶回りのとき、続いて建物の設計について説明するときが最も多いからです。

オーナーさんは事前に近隣リストを作成し、地図上に落とし込み、建築会社に注意点を説明しましょう。近隣に対して、どこまで設計内容を説明する義務があるかは、自治体によって異なります。一定規模以上の建物を建てる場合には説明会が義務付けられている自治体もありますし、建物の規模と窓の位置だけでよい地域もあります。ほとんどは、間取りまで説明する必要はないようです。地方自治体ごとにガイドラインをつくっていたり、近隣対策についての行政指導を行っていますので、説明の前に近隣対策についての規定を確認しておく必要があります。

近隣対策を建築会社に任せ切りにし、挨拶回りもついていくだけの姿勢ではいけません。どの範囲まで設計図面を見せるのか、挨拶文書はどのような内容とするのか、オーナー自身が積極的に把握していなくてはなりません。

近隣から「建物の高さを低くしろ」「目隠しをつけろ」といった要望が出てきた場合、どの程度受け入れるべきでしょうか。実際、いろいろな要望を全て聞いていたら事業計画に大きな障害が出てしまうことになります。とはいえ、良識の範囲内である程度は受け入れることも検討しましょう。そのために、予め建築工事の予算に近隣対策費という予備費を計上しておくことをお勧めします。これは、近隣からの要望に応じて部分的な目隠し設置など軽微な追加工事を組むための予算と考えてください。

間違えてはならないのは、対策費とは文句を言ってきた人に解決するために支払うお金ではないことです。お金で片を付けることは決してほめられた解決方法ではありません。冒頭の事例のように、ゴネ得を狙い、嫌がらせを続けながら遠回しに金銭要求してくる人もいますが、本気で建物を建て賃貸経営を行いたいのであれば、たとえそうした人が関わってきた場合にも、毅然とした態度で臨む必要があります。いたずらに怖がっていては何もできません。

3. 日頃からの近隣関係が重要です

賃貸用の物件を建てるというときに近隣とトラブルにならないためには、オーナーさんと近隣の皆さんとの日頃の関係が大切になります。ご近所付き合いをちゃんとしていると、反対は比較的起きにくいものです。建築の計画について報告しご挨拶するときにも、「おめでとうございます」と快く受け入れていただけることもあります。反対に日頃からご近所との間で摩擦があるときは、反発や嫌がらせを受けることもあります。

大きな反発が予想される場合、予め近隣住民の人物像を掴んでおくことが対策になります。そして要注意人物がいたら、建築会社に伝えておきましょう。建築会社は多くの現場の経験があり、そうした人物への対応には慣れているはずです。ある程度は対応を委ねてしまっていいでしょう。近隣対策の上手な現場長ともなると、事前挨拶や工事内容の説明はもちろん、工事中も毎日、近隣の家の前まで清掃するなどの気配りを欠かしません。

工事期間中、オーナーさんは別の場所で仮住まいすることが多いのですが、こうした配慮のある現場長が仕切っていると、工事後に戻ってきたときにも近所から気持ちよく迎えてもらえますが、逆に、配慮の足りない現場では近隣感情がすっかり悪化している場合もあります。近隣感情が悪くなってしまうと賃貸経営にも影響してきますので、この配慮の違いは重要です。

4．建築工事中のトラブルとチェックポイント

近隣の皆さんは、建築工事中の振動や騒音、そして安全対策についても気にされることが多いものです。大型建物の建築工事では、どうしても振動や音が発生します。工事用車両による交通問題も起き、ご近所には迷惑をおかけすることになります。ですから「ご迷惑はおかけしません」と約束することはできません。嘘をつくことになってしまいます。「ご迷惑をおかけしますが、なにとぞご理解をお願いします」という姿勢で臨まなくてはなりません。

既存建物の解体工事と建物の新築工事を、それぞれ別の業者に分離発注する場合は特に注意が必要です。まず解体工事業者にも注意を促し、解体前に一度、近隣への挨拶回りをしておきます。中には、配慮が足りずに乱暴な工事をする解体業者もあるからです。あるオーナーさんは、建築工事開始が決まり、着工の挨拶回りをしたところ近隣の人たちから猛反発を受けました。先行した解体工事で、業者の心がけが悪く、朝も夜も休日も関係なく、大きな音を立てて工事を行っていたのです。とりわけ頑丈な杭を取り除く基礎部分の解体工事では、まるで地震かと思うようなひどい振動が発生し、ご近所の中にはその振動によって家が揺れ、土間や壁にひび割れが入ってしまったというクレームさえ出ていました。すっかり気分を害した近隣の皆さんは「本体工事なんか許さないぞ」という雰囲気になってしまい、オーナーさんも新築工事

の建築会社も非常にやりづらくなってしまったのです。

最近、特に多いのがプライバシー対策に関する問題です。具体的には、窓の位置です。新築予定の建物の窓が、自分の家に向いていると気にされる人がとても多いのです。「窓からこちらのベランダが見える」「そちらの窓が、こちらの窓の目の前にある」といった理由で、設計変更を求められるケースが多々あります。また、エアコン室外機や換気扇の位置にも気を付けなければなりません。

窓の位置に関しては、「先に建てた者勝ち」という面があります。先に家を建てた人は、周りに気にせず窓を設置していますが、後から家が建つとなると、「こちらに向けて窓を設置するな」と、もの申すことになります。そのような要求を理不尽だと感じる人も少なくありません。民法第２３５条の規定に「境界線より１ｍ未満に窓を設ける者は、目隠しを付けなければならない」とあるだけで、他には特に制限はありません。しかしそうした近隣の要求を完全に無視してしまうと、大きな反発に発展しかねません。

多くの設計士はそのような事情を心得ていますが、中には近隣状況を全く見ないで何の配慮もしない設計士もいます。最初の設計案が近隣への配慮に欠けたものだと大きな反発を生んで、建築計画の障害になってしまいますから、そのようなことがないようにチェックしておくことが大切です。

5．建築工事に必要なのは現況測量

測量は大きく分けて、現況測量、民民査定測量、官民査定測量の3種があります。現況測量とは、建築確認をとるために敷地の大きさや形を調べる測量です。建築の際、法的に必要となる測量はこれだけです。土地の大きさや形状によって変わりますが、越境トラブルなどがなければ、50坪程度の土地で15～30万円でできます。

官民査定測量とは、隣接する敷地所有者に立ち会いを求めた上で、境界を確定するための測量です。費用は土地の大きさ、形状の他、対象となる敷地の隣接する敷地地権者の数によって変わりますが、30～50万円程度です。

官民査定測量では、敷地と道路の境界を確認し、道路の幅員を確定します。道路を隔てて向かい合った敷地地権者も立ち会いが必要なので、50～70万円かかるケースもあります。

一般的な建築の際には官民査定測量の義務まではありませんが、隣接する敷地境界について立ち会いの上で確定する必要が出てくることはよくあります。冒頭の事例のように近隣の反対が敷地境界トラブルに至ることもあるのです。測量は普通、建築計画の実現、敷地の売却のときなど、何かの理由があって実施されるものです。ところが、いざ建築を始めようとしたとき隣家と境界の確定をしようとすると、建築する側は不利な立場に置かれることになります。境界について隣家が納得してくれなかったら、工事を始めることができなくなってしまうからです。

賃貸事業における事前の備え、リスクマネジメントとして考えれば、建築が決まってからではなく、まだ建築計画などない時点、日頃からきちんと測量して、境界を確定しておくべきでしょう。

測量は近隣対策の目的だけで行うものではなく、土地については「いつか何かのトラブルが起きるもの」と考えておくべきです。きちんと境界を確定しておくことがご自身の財産の保全にもつながります。

■チェックリスト10　近隣対策のチェックポイント

□普段から、良好な近所付き合いをちゃんとしているか
□ご自分のことを快く思っていない隣人はいないか、もう一度よく考えてみましょう。気がかりな点は、建築会社の担当に伝えましょう
□隣接している土地所有者と、敷地面積・境界杭・塀・私道などを巡って争いはないか
□建築工事ばかりに気を取られ、解体工事で騒音・振動・埃などで近隣に迷惑を掛けないような心配りができているか

□近隣からクレームの出ないように、建築法規・民法等を守ったプランになっているか
□建築会社選定の際、近隣対策についてどう考えているか、ヒアリングしたか
□近隣説明会が必要か、個別対応か、説明対象の範囲などを充分打ち合わせしたか
□近隣への挨拶回りの前に配慮すべき近隣のリストを作っているか
□予め建築工事予算の中に、近隣対策費を計上しているか
□高額な金銭要求や実現不可能な設計変更要求をしてくる人たちに、毅然とした態度で臨む覚悟をしているか
□建築会社の現場責任者は、近隣対策を任せられる担当者がどうか。オーナーの考え方を理解してくれるか
□近隣家屋の事前調査など、トラブルを未然に防ぐための対策は万全か

第二節　親族問題

【事例】親や子供など、親族との合意形成でトラブルになった事例

賃貸マンションの建築を巡って、私の目の前で、オーナーさんの奥さんがご主人に向かって、「私は貴方と別れます」と言い出したことがあります。

このオーナーさんは住宅兼用の賃貸マンションの建築を計画していたのですが、奥さんとしてはまず大きな額の借金をすることに不安があり、かつ自宅となる部分の設計、特にキッチンへの不満があったようです。

オーナーであるご主人はもともと独断専行の気のある方で、家族間の合意形成に無頓着に設計を進めてしまったのです。そして建築会社の営業マンもそんなご主人の方ばかり気にして、奥さんの希望に対してあまり気を遣うことをしなかったようです。

それやこれやで奥さんはヘソを曲げてしまったのです。「このまま建てるっていうなら、私は家を出ていきます」と宣言され、ご主人も建築会社の営業マンも大変あわてていました。

1．奥さん・子供さんと一緒に賃貸経営をするのが成功の秘訣

オーナーさんにとって、賃貸マンション建築が一生に一度の経験という方が多いのですが、奥さんも同様なのです。きちんと意見を聞き参加意識を持っていただけると、ご家族全員が賃貸経営全般のバックアップをしてくれるようになります。プランニング時点から、自宅や賃貸部分の間取りやデザインについて奥さんに相談されている、上手なオーナーさんがいらっしゃいます。

賃貸建物のネーミングをお子さんに考えてもらい、賃貸経営に興味を持ってもらうような上手なやり方のオーナーさんもいます。一般に入居者はお子さんと世代も感覚も近いので、お子さんが若い世代に受けるようなおしゃれな名前を考えてくれ、その意味でも成功でした。

【事例】相続対策が争族になった事例（本当の相続対策とは……）

あるオーナーさんが、所有する土地に賃貸アパートを建て、建物についてはご長男と共有名義としました。長男はお父さんがアパートを建ててから、奥さんと2人で建物の維持管理をやっ

ていました。自然とオーナー意識が芽生え、「このアパートは私たち夫婦が引き継ぐもの」と思っていたのです。

ところがオーナーさんの子供は長男だけではありませんでした。実際には6人兄弟だったのです。建てて10年後にお父さんが亡くなり、相続が発生すると、アパートと土地に他の弟や妹たちの名義が共有登記され、そこから不動産の権利や収入の配分を巡って兄弟がもめるようになりました。アパートは築10年を経て修繕費がかかるようになってきており、空室が目立ってきて、家賃収入は低下の一途をたどっていました。しかも住宅金融公庫（当時）から段階金利方式で融資を受けていたため、間もなく月々の返済額が20万円近くもアップする見通しになっていました。

相談を受けた私は、経営改善の大前提として、長男が弟妹の共有部分を買取り、名義を一本化する必要がある、と考えました。買取りの申し入れをすると、弟妹たちは相続後の家賃収入も含めて、応分の配分と権利譲渡の対価を求めてきました。客観的に見ても当然の要求です。私は現オーナーである長男と話し合い、弟妹たちに現状の苦しい経営環境をオープンにして理解を求め、なんとか低額での金銭解決をお願いする方針を立てました。ところが長男はプライドが許さなかったのか、弟妹たちに苦境を話して頭を下げることをせず、険悪な言い争いになってしまったのです。過去のいきがかりもあって兄弟間の軋轢はこじれにこじれて、完全な「争族」に至ったのでした。

私が同席して、喫茶店で長男と次男が話し合ったときのことです。

「ふざけるな！　このヤロー！」

話し合いの途中でいきり立った次男が叫び、テーブルのコップをつかんで、長男に向かってコップの水を浴びせかけようとしました。その水は私の方に向かって飛んできて、私は頭からびしょ濡れになってしまいました。

「あっ！　谷崎さんごめん。兄貴にかけたつもりが、手元が狂って……」

次男は恐縮してあやまりましたが、すぐに声を荒げて続けました。

「兄貴は俺たちが小さいころ、近所からもらったお菓子をこっそり机の中に隠していたことがあった。昔から兄貴は、兄弟と分かち合おうとする思いやりのない、腐った奴なんだ！　俺はあの時のことを今も忘れていないぞ！」

店内は静まり返り、店員さんも怖がって、床にこぼれた水を拭きに来ようとしません。私は黙ってハンカチを出しながら、「兄弟同士の争いは根が深いな」としみじみ思いました。兄弟といっても、2人とももう60歳前後なのです。それがそんな子供のときの話まで持ち出して争うのです。

結果的には、丹念に弟妹たち一人ひとりの生活設計をヒアリングして、配分できる予算が限られていることを理解していただき、弁護士と連携して全ての弟妹からハンコを頂くのに2年かかりましたが、無事に名義問題の解消をし、金融機関の借り換えが実現できました。

2．円満な相続を考慮した土地活用

相続対策として土地活用を行う場合、実際に相続が発生した時に、相続人全員が納得して円満に遺産分割ができるよう、予め対策を考えておくことが重要です。というのは、相続対象物件が一つしかない場合などでは、どのように公平に分割するかは難しい問題なのです。

遺産分割の方法には、「現物分割」「換価分割」「代償分割」の3つがあります。現物分割は、不動産や株式、現金などの財産をそのままの形で、持ち分に応じて各相続人に分配するものです。換価分割とは遺産を全て売却し、その代金を分配する方法です。代償分割とは特定の相続人が財産を相続する代わりに、他の相続人に持ち分相当の金銭を支払う方法です。代償分割は主な遺産が自宅や農地、事業用地など、現物分割では活用に支障が出てくるような財産の場合に使われます。

不動産が主たる財産の場合、全て売却換金して分けるのであれば、遺産分割トラブルは比較的回避されやすいのですが、実際には自宅など思い入れのある不動産は売却されるケースは少なく、現在、誰が住んでいるかによっても方針が変わってきます。

賃貸経営を始める際、相続税対策と建物名義を複数の子供のうちの1人だけと共有にする方がいますが、トラブルの元となりやすいので注意が必要です。紛争を防ぐために、1棟の建物を分譲マンションのように区分所有登記にする考え方もあります。「何号室は長男」「何号室は次男」というように、予め部屋ごとに引き継ぎ者を決めておくのです。

ただお子さんの中には、結婚して遠くに住んでいたりして、不動産の形で遺産をもらっても管理できないという人もいます。その場合には、不動産は管理できるお子さんに残し、そうでない人には現金で分けるといった事前の申し送り、配慮が必要です。どのような形で財産を残していくかは、お子さんの生活設計に合わせて考えなくてはいけません。

3. 争いを防ぐためにも必要な親からのメッセージ

遺産を巡って骨肉の争いになってしまうのは、親が元気なうちに、自分が亡くなったら子供たちにどう財産を分与するかという方針をきちんと伝えていないからです。多くのオーナーさんはすぐにお迎えが来るとは思っていませんので、遺産相続の話を棚上げにしている人がほとんどです。親が元気なうちは財産を巡って兄弟ゲンカはしないものですが、棚上げの状態で親が亡くなると、とたんに遺産を巡って子供たちが兄弟ゲンカを始めることが多いのです。ですから、まだ自分が元気なうちに遺産分与の方針を立てて、それを子供たちに言い含めておくべきでしょう。

直接言いたくなかったら、遺言状を書いておくと良いでしょう。遺言状は単に財産の分割方法を指示するだけでなく、自分の生き方、自分の意思を子供たちに伝えるための手段でもあります。いわば次世代へのメッセージです。

私はあるオーナーさんから「妻と3人の子供への遺言を残したい」という相談を受け、専門家とともに遺言書の作成をお手伝いしたことがあります。

86歳になるこのオーナーさんは、相続税対策として駐車場としていた更地に賃貸アパートを建築したのです。遺産の分割案は、子供たちの仕事や生活状況・家族構成、奥さんに介護が必要になった場合のサポートなどを充分に考慮したものになりました。次世代が不動産の管理に困らないよう、経営上の注意点もしたためられています。おそらく相続人たちは全員が納得し、オーナーさんの死後に揉めるようなことにはならないでしょう。

完成した遺言書は実務的な内容だけでなく、家族との懐かしい思い出、長年連れ添った奥さんへの感謝といたわりの気持ち、子供たちへの期待と思いやりなど、オーナーさんが夫として父として心に秘めながらも普段は口に出せない言葉がちりばめられた、本当に感動的な内容となりました。

死後に争いの種を残さないためにも、賃貸経営を行うオーナーさんはどこかの時点でこうした遺言状をつくっておくことをお勧めします。遺言状の鉄則は、全ての財産の目録を作成し、その一つ一つについて、「これはどうする。あれはどうする。現金はいくらを誰に、いくらを誰に」と対象物と名義を明確に指定することです。遺言書があっても、相続人の全員が話し合いのうえ円満に合意すれば、後でどのように変更しても構わないのです。

オーナーさんの中には、相続税対策として全ての財産を子供たちに生前贈与してしまう方もいます。子供たちに相続で苦労をかけたくないという親心はよく分かるのですが、私の経験では、親は死ぬときまで財産をしっかり持っていた方が、親子関係もうまくいきます。お年寄りは弱い存在です。何も持たない無一文の親になるよりは、しっかりした財産を持って子供たちから一目置かれる存在であり続ける方が、いつまでも大事にされるものです。

子供たちは、相続で苦労なしに親の財産を手に入れますが、相続税はそのためのコストです。そう考えれば税額など安いものです。むしろ、問題なく相続税を払えるぐらいの器量を持った子供に育てておくべきでしょう。

4．賃貸経営の方法や考え方を残す重要性

相続を前提とした土地活用は、次の世代に現金や不動産を残すだけではなく、収益を生む事業を残すという考え方で行うものです。正しい土地活用方法を知ってもらうことで、有形無形の財産を次世代に贈ることになります。まだご自身が現役のうちに、自分の土地活用のビジョンや賃貸経営のノウハウを次世代に伝えておく必要があるのです。

また、親子の間だけではなく、管理会社やリフォーム会社などの関係者との交流を通じても

行っていくべきものです。あるオーナーさんは、お子さんと管理会社の担当者が定期的に会う機会を設けたり、建物の館内規則を一緒につくることを手伝ってもらい、そうした経験を通じて、お子さんに管理会社とのコネクションをつくり、賃貸経営のノウハウを教えていったのです。

相続を念頭に置いた土地活用を行い、家族の絆を深めた別のオーナーさんもいます。この方は、道路に面した細長く四角い土地を所有していましたが、この土地を左右に分けてシンメトリー（対称形）に賃貸建物を建てたのです。敷地の中央に門があり、左右の建物にそれぞれの入口がある、建物全体としてもシンメトリーの良さが活かされた美しいデザインでした。この方には2人の息子さんがいたのですが、将来、相続があったときには平等に分けられる構造になっているのです。この設計を見た息子さんたちは、「お父さんは自分たちのことをそこまで考えていてくれたのか」と感じ、家族の信頼関係が深まったといいます。たまたま分割に適した土地という幸運もありましたが、土地活用をするならそこまで考えて行うことが理想といえます。

オーナーさんの没後、賃貸経営を引き継いだお子さんが先代の管理不備で経営に苦しむケースは非常に多いのです。ずさんな管理を行った物件を次世代に残してしまうと、子供たちが大変な苦労をすることになります。

【事例】
次世代に怨まれた事例

●ケース1　お父さん怨みます！

まだ青年といってもいい年齢のあるオーナーさんは、お父さんが賃貸経営を行っており、亡くなられた後に残された都内の雑居ビルを相続しました。オーナーさんは1人っ子だったのですが、現金は父の後妻が全て相続し、オーナーさんにはビルだけが残されたのです。

このビルが、大変な問題物件でした。店舗と賃貸住宅併用の6階建てのビルでしたが、築20年を経て、管理の不備で空室や家賃滞納が続出しており、家賃収入では銀行への月々の返済すらまかなえない状態でした。右翼団体が入居していて、街宣車が前の通りに止まっていたり、バルコニーから大きく突き出して国旗が広げられたりしていたのです。そうなると他の入居者は退去してしまいます。

建物としても不良建築で、それまでよそで暮らしていたオーナーさんは、せめてもの空室対策として、自分自身がビルの最上階の、雨漏りがするため空室となっていた部屋に引越してきたのですが、建築の粗悪さに唖然とすることになりました。ビルの天井が裂け、夜はその隙間から星が見えるというのです。大規模修繕が必要でしたが、そのための資金もなく、融資もつかない状態でした。完全なマイナスのスパイラルに陥っていたのです。この物件ではローン返済額が家賃収入を上回っていたため、相続後には毎月、お金が出ていくようになり、ほどなくオーナーさん自身が貯めていた貯金は底をつき、ローンの滞納が始まりました。

絶望したオーナーさんは、こんな物件を残したお父さんへのあてつけに、飛び降りて死んでやろうと思い、この建物の屋上に1人で上がったといいます。本来であればこのような物件は、お父さんが亡くなった時点で相続放棄すべきでした。しかし誰も「相続放棄という手段がある」ということを彼に教えなかったのです。なぜでしょうか。

それは、この物件を担保に融資を行っていた金融機関が相続を差配していたからです。金融機関としては相続人に相続放棄などされたら困るのです。融資したお金が返してもらえなくなってしまうからです。

電話で相談を受けた私が、「なぜ相続放棄しなかったのですか？」と訊ねたら、オーナーさんはびっくりした表情で、「えっ、そんなことができたのですか」と問い返してきたものでした。相談を受けた私は、建物の価値や収支状況を調べましたが、残念ながらキャッシュフローを黒字化する目途は立ちませんでした。建物は過去20年間1度も修繕を行っておらず、外観もかなり傷んでいました。空室が3つありましたが、こちらも原状回復がされておらず、内装はぼろぼろでした。

入居者やテナントとの賃貸借契約書もいくつか紛失していて、契約の更新もされていません。滞納が3世帯ありましたが、記録がないため、何カ月の滞納があったかも分かりません。

調査後、この物件は任意売却にかけることがよいという方針になりました。任意売却とは借入金の返済が困難になったとき、不動産の所有者と債権者、つまりオーナーさんと融資した銀行の間で話し合い、競売を回避して物件を売却することです。オーナーさんが融資の返済をすることが困難になった場合、通常であれば銀行は抵当権を実行して、物件を競売にかけて債権回収します。ただこのケースでは、たとえ売れても、融資分には到底足りないことは明らかでした。しかも競売の場合、銀行にとっても蓋を開けてみないと回収額が確定しないため、任意売却に応じやすい事情もあります。

そこで中立の不動産会社がオーナーさんと銀行の間に入り、なるべく両者に満足のいくような価格で市場で物件を売却します。代金は銀行が受け取り、オーナーさんは借金地獄から解放されます。

しかし、ずさんな管理の状態ではとても売却できないため、次のような手を打ちました。

・入居テナントの経営状態をチェックする
・不良な入居者やテナントと粘り強く交渉し、退去していただく
・適切な契約書を作成し、テナントや入居者と契約を結びなおす
・銀行と根気強く折衝し、売却に理解・協力してもらう
・相続ビルの各種の権利関係を明確にし、売却できる状態に整える

・中古ビルであることを承知、理解してくれる売却先を探す
・オーナーさんの生活設計に合った転居先を探す

奮闘の末、なんとか銀行の承諾が得られ、任意売却は無事に成立しました。全てが片付いた後、オーナーさんは新しく引越した賃貸アパートで1人暮らしを始めました。私はその新居に呼ばれ、共にささやかな祝杯をあげました。そのときに、私はほっとした表情の彼から「今だから言いますが、あのときは本当に死のうと思いました」と、アパートの屋上に上がったときの話を聞いたのです。まだ独身で、温厚な性格の彼には、やがて明るい未来が訪れることと思います。

●ケース2　夫から相続した物件に悩まされた妻と娘

これまで相談を受けてきた中で、オーナーさんの口から「いっそ死にたいです」という言葉を聞いたことは、幾度となくあります。例えば神奈川のあるオーナーさんがそうでした。相談に来られたのは70歳前後の女性オーナーで、亡くなったご主人から繁華街にある築18年、3階建ての賃貸マンションを相続したのです。ところが、この物件がたくさんの問題を抱えていて、体力気力が限界にきてしまったのでした。

ご主人の死後、初めて賃貸経営に関わったものの、オーナーであったご主人の闘病中に管理

が放置され業者任せになっており、任されていた管理会社の仕事もいい加減で、家賃滞納者が続出しており、空室も次から次に出ている状態でした。

もともと日本経済がまだ力強かった頃の建物で、その当時に想定した収支計算そのものが、経済情勢の変化で全く当初と違ってきていました。家賃収入が融資の返済額に及ばず、キャッシュフローは赤字に転落していました。入ってくるお金よりも出ていくお金の方が多い、完全なお荷物になっていたのです。

オーナーさんはご主人が亡くなるまで、賃貸経営には関心もなかったし、ご主人も何も教えてはくれませんでした。けれどもオーナーとなってしまったため、やむを得ずこのマンションに毎日のように通い、家賃の督促やクレーム対応を始めたのですが、慣れないことでうまくいきません。

その大変さを見かねて、娘さんが手伝うことになりました。娘さんは30代で、昔から憧れていた広告代理店で新たにキャリアを積み始めようとしていたところでした。けれどもお母さんの賃貸経営をサポートするためにその会社を辞めたのです。お母さんと一緒に家賃滞納の催促、入居者が退去した後の原状回復工事の立ち会い、修繕のための業者との交渉など、懸命に努力しましたが、収支は一向に改善しません。それどころか、それまでの管理がいい加減であったために雨漏りが発生し、修繕のために思わぬ出費を強いられるなど、状況はますます悪化していきました。

お母さんはついに自律神経失調症になって引きこもり状態となり、お会いしたときには「死にたい」と口にされていたのです。オーナーさんも娘さんも、できれば物件を売却してしまいたいとのことでしたが、荒れ始めていた建物は不動産としての価値も大きく低下しており、収益還元法で計算すると、完全な債務超過状態に陥っていることが分かりました。現存する不動産の査定2億円に対し、建築の際に受けた融資の残額が2億5000万円あったのです。建物と土地には、融資を受けたときに抵当権が設定されていて、これが外れない限り売却は不可能です。そして全額を返済しないと抵当権は外してもらえませんから、最低でも手元に5000万円なければ売却もできないのです。

実際には、建物の価値が2億円といっても、売却に要する費用や譲渡税など諸経費を引けば、手元に残るのは1億7～8000万円というところでしょう。

入居者全員を退去させて更地として売れば、収益還元法で算定した価格よりずっと高く売れるはずなのですが、全ての入居者に退去してもらうには、途方もないエネルギーと経費が必要です。もし1人でも居座る入居者が出てくれば、それ以外の全ての部屋が空室の状態で、家賃収入のないまま融資の返済を続けなければなりません。手持ちの資金がないので、もしそうなったらオーナーさんは破産してしまうでしょう。

売ることもかなわず、持っていれば赤字ばかりがかさんでいく。オーナーさんはもう、完全に身動きがとれない状態でした。実はこうしたケースは非常に多いのです。相談を受けた私は、何はともあれ金融機関と交渉を行い、返済計画の変更をお願いしました。もともと設定されていた金利を下げ、月々の返済額を抑えてもらうよう、事情を話してご理解をいただいたのです。

管理が悪く傷みの目立った建物については、総合的な修繕計画を立て、その計画にそって改めて融資を受けました。今後、突発的な修繕費用が発生しないように手を打ったわけです。家賃滞納者に対しては、コンサルティング部隊に応援を頼み、1人1人に督促して滞納を解消していきました。空室についても、あらゆる手段を使って、1室1室埋めていき、なんとか収支を改善してキャッシュフローの赤字から脱却させたのです。

この物件については、賃貸経営を始めたご主人の死後まで、家族に災いを残してしまったことになります。奥様はもとより、娘さんの代にまで禍根を残すところだったのです。このようなことのないよう、次の世代の対策まで考えて行うのが、本当の土地活用であるといえるでしょう。

第三節　立退交渉

【事例】
立退交渉で失敗した事例（早々と引越ししたが……）

最近の土地活用では、老朽アパートや老朽ビルなど、既存の建物を取り壊し、建替えから始まるケースが増えています。

そうした場合、今の建物の入居者にまず引越しをお願いし、全員に退去してもらった上で工事を始めなくてはなりません。これを「明け渡し」とか「立退き」と呼びます。

私が若い頃相談を受けた案件で、入居者との間にほぼ合意ができ、合意書にサインをする段階までできたところで、オーナーさんの衝動的な行動で振り出しに戻ってしまったことがありました。

そのケースではオーナーさんは、既存の2階建自宅兼アパートを取り壊し、7階建のマンション経営を計画しており、自身は早々に引越して、すぐにも工事を始めたいというご意向でした。

そこで時間を最優先として交渉に臨み、立退料200万円で合意することになったのです。合意契約時に100万円、退去時に100万円をオーナーさんから入居者に支払う形です。そしてオーナーさんの立ち会いの下、合意書にサインするところまできました。

ところがオーナーさんは、合意はしたものの、内心ではそんな大金をとられるのがおもしろくなかったようです。合意契約時に支払うことになっていた100万円をポケットから取り出すや、なんと受け取り相手に投げつけてしまったのです。当然、入居者はいきり立ち、契約を拒否。交渉は破談となって、最初からやり直しになってしまいました。

結局、立退きまでそれから更に1年かかることになりました。

オーナーさんは200万円と聞いて「いったい何年分の賃料なんだ」と思い、悔しくなったのでしょう。気持ちは分かりますが、やってはならないことをしてしまいました。

賃貸事業における1年間の機会損失の被害は甚大です。その間に金利も上昇したり、建築資材値上がりの追加費用も必要になり、オーナーさんが仮住まいする期間も1年延びて、余分な家賃がかかりました。損害総額は200万円どころではありません。

竣工式でのお祝いの席で、オーナーさんは立派なマンションをしげしげと眺めながら、「本当はこのマンションは1年前にできてたんだね」と考え深げにつぶやいたのが印象的でした。

1. 立退料は必要経費

所有されている賃貸アパート・マンションが老朽化し、建替えなどの土地活用対策を迫られたときに必要になるのが、現在の入居者との立退交渉で、場合によっては非常にやっかいな問題になることもあります。

立退交渉を受けた入居者から様々な要求を受けると、オーナーの中には「今までよくしてやったのに」「庇を貸して母屋を取られた」と、裏切られた気持ちになることがあります。立退交渉では、オーナーさんの建替えに協力をお願いして入居者の皆さんに引越しをしていただくという発想で臨み、感情的にならないことが大切です。

なぜ「協力のお願い」になるかというと、現在の借地借家法では「契約期間満了と同時に明け渡しを求めるには、期間前1年から6カ月前までの間に予告しなければ更新の拒絶ができず、更新拒絶においては、正当事由が必要とされる」という、入居者側にきわめて有利な規定となっているからです。貸主が契約更新を拒否するためには、建物がかなり老朽化して入居者が安全に住むことができなくなったとか、入居者側に信頼関係を壊すような義務違反があったなどの「正当事由」が必要となります。義務違反には、著しい賃料滞納、無断転貸、無断改造、使用目的の大幅な違反などがありますが、入居者側にそういった落ち度がない限り、オーナーさんが単に「古くなってきたので建替えたい」という理由だけでは、入居者が「住み続けたい」と主張したときに対抗できないのが現実です。

そこで正当事由を補うものとして、立退料の提示が必要になってくる訳です。立退料は、引越費用の補填の他、移転により消失する居住権・借家権の補償といった性格を持つものです。よく電話で「立退料の相場を教えてほしい」という相談がありますが、実際のところ相場はありません。それぞれの事情により金額は全く異なってくるし、裁判所も事件ごとに裁量で判断しています。

立退きを求められたときの入居者の反応は、十人十色です。「はい、分かりました。ついてはせめて引越し代ぐらいはいただけませんか」という人もあれば、中には自分で引越し先を決めてくれて、退去の際に、「お世話になりました」と、菓子折を持ってきてくれた人もいます。反対に「旦那がここで死んだから、私も死ぬまでここにいる」と、テコでも動かないご高齢者もいれば、「引越しには協力するけれども、同じ賃料で同じ広さの物件を見つけてきてほしい」という人もいます。立退交渉では金額の問題だけではなく、そうした個別の事情に合わせて対策していく必要があるのです。実際に交渉してみなければ、どう決着できるか分かりません。その意味では、「合意した金額が相場」とも言えます。

立退交渉に失敗し、何がなんでも出ていこうとしない、たった1人の入居者を残したまま、何年も建替えることができないケースもかなりあります。入居者は権利を失わないために、その間、家賃を払い続けています。といっても1戸分の家賃では、固定資産税を初めとする建物の維持管理費用にはとても足りません。オーナーさんにとっては深刻な事態で、たとえ建築計画があったとしても頓挫してしまうことになります。交渉に失敗すれば、大切な資産が不良資産に変わってしまいかねない、それが立退交渉の怖いところなのです。

2．多くの成功事例があることを知ってください

あるオーナーさんは建替えにあたってコンサルタントと相談し、まず現在の入居者に私信の形で建替え計画について伝えるようにしました。手紙の文章もコンサルタントと相談して決めたもので、入居者に対してこれまでの感謝の気持ちを伝え、同時に建物の老朽化を「このままではもう維持できません」と訴えたのです。

さらに立退交渉にあたっても、移転先候補の間取り図面を持参して説明するなど、入居者と一緒になって親身に引越し先を探しました。最終的には4戸あった入居者が、それぞれ自分で引越し先を探し、立退料も全戸が約30万～50万円という、引越し費用プラスアルファの範囲で収まったのです。

私は立退交渉について安易に考えているオーナーさんに対しては、「立退交渉は甘くありませんよ」と注意を促しますが、反対に交渉に不安を持ち怖がっているオーナーさんに対しては

「そんなに難しいものじゃありませんよ」とお伝えすることにしています。こうした成功例も多くあることを是非、知ってほしいと思います。

3．交渉は適任者に任せる

立退交渉を成功させるために大切なのは、事前の心の備えができていることと、交渉を適任者に任せることです。中には冷静で交渉事がうまく、自分一人で立退交渉ができるオーナーさんもいますが、すぐ感情的になってしまう人の場合、ご自分で交渉に出ていくことは勧めません。オーナーさんは最終決定権者ですから、交渉の矢面に立つと言ったことがその場で全て決定事項になってしまいます。その点、間に交渉人が入ると、ワンクッションが置かれじっくり考えて答える時間ができます。

多くの場合、立退交渉はオーナーさんが自分でやるより、交渉に慣れた人間に間に入ってもらった方がうまくいくものです。そこで誰に頼むかという問題になります。

賃貸仲介業者は基本的に入居者を入れるのが仕事なので、逆の立退交渉には慣れていないのが普通です。不慣れな人間が交渉にあたると、トラブルとなる可能性が高くなります。建築会社やハウスメーカーの営業担当者に依頼する方法もありますが、これはいわば建築工事の注文と引き換えの無償サービスです。営業マンが無理をして交渉しようとしても、本業ではないのでどうしても限界があります。それより、建築会社には建築計画に注力してもらった方がよいでしょう。自称立退業者もいますが、そうした業者への依頼は避けた方が賢明です。弁護士法により、業として交渉事をできるのは弁護士に限られています。報酬を支払って立退交渉を委任する場合、委任する相手が弁護士でない限り弁護士法違反（非弁活動）になってしまうのです。言い換えれば立退業者という職業は、本人が弁護士でない限り存在自体が非合法なのです。当然、モグリばかりで費用も高く乱暴なやり方をしてきます。問題が起きた場合の責任も一切取ってくれません。

それでは、弁護士に頼めばいいかというとこれも問題があります。紛争にもなっていないのに立退交渉にいきなり弁護士が入ってきたら、入居者はぎょっとして態度を硬化させてしまうことが多いのです。弁護士に動いてもらうことは、事態が悪化し他の手段ではどうにもならない場合に限るべきでしょう。これから協力を求めるというときに、出だしから弁護士を立てることは得策ではありません。備えのための事前相談は良いでしょう。

残った方法として、コンサルティング会社へ依頼するという選択肢があります。おそらく、過去に立退交渉を担当した実績のあるコンサルティング会社に交渉を依頼するのが、最も穏当な方法といえるでしょう。コンサルティング会社の社員も普通は弁護士の資格はありませんが、他の業務の一環でサービスとして行う場合には「業として」に該当しないので、交渉を任せても違反にはなりませんし、顧問弁護士とも連携します。新しくできる建物の管理を頼める管理会社系コンサルティング会社が管理サービスの一部として交渉にあたる方法もお勧めです。いずれにしても入居者の移転のお手伝いができる体制があり、事情の説明、引越し先の斡旋など、相手の立場に立って気遣いができるような交渉人に入ってもらうことです。

4. 複数の失敗事例から学ぶ成功の原理原則

オーナーさんの中には「いずれ取り壊す物件だから」と、修繕をしない代わりに低い家賃のままに止めたり、取り壊しの際に退去してもらうことを前提に家賃を安くしている方がいます。「引越ししたら不便をかけるので」というオーナーさんの入居者への配慮なのですが、これは非常に問題の多いやり方です。オーナーさんの気持ちが入居者に正しく伝わるとは限りません。かえって「自分には安く借りられる権利がある」と思ってしまう人が多いのです。とりわけ「いずれ建替えよう」と思いながら何年も放置していると、そうした傾向が強くなります。

こうしたケースでは、入居者から「引越し先が見つからない」「同じ賃料で同じ広さの部屋を探してほしい」と言われることがあります。退去を前提に相場より家賃を安くしているのですから、同じ賃料で同じ条件の部屋など見つかる訳がありません。そうしたトラブルになるのを防ぐ意味でも、建替えや退去の予定があろうとなかろうと、建物の維持管理はしっかりと行い、相場並みの家賃をいただかなくてはいけません。

住居を貸していても、立退料が必要でないケースもあります。まず親子兄弟、友人知人など特別な関係にある人が、無料で借りて住んでいる場合は、使用貸借といって借地借家法は適用されません。また定期借家契約を結んでいた場合も、契約で定められた期限が来たら自動的に退去を求められます。

一つの考え方として、無理して一気に全入居者に対して立退交渉をするのではなく、今いる入居者が退去するたび、新しく入ってきた入居者との間に定期借家契約を結び、全ての入居者が定期借家契約に切り替わった時点で建替えを計画する、という方法もあります。この方法は5年以上先の、建替えまでかなりの期間の余裕を見ているような場合、長期的な視点からはお勧めできます。立退交渉の必要はなくなりますが、最終的に全入居者が定期借家契約に切り替わるのがいつのことになるのかは全く読めません。建物の老朽化が進んでいたような場合、建替えることが分かっていても修繕費用が必要になるし、老朽物件ではどうしても家賃は下がってしまいますから、収益性も悪化します。また、現在の入居者が、このままずっと住み続けるかもしれないという危険性もあり得ます。

これとは反対に、10室のうち5室が空いたら、この機会を逃さず、残り5室についても一気に立退交渉を行って、1年以内に立退きを完了し、建替え工事にかかるという考え方もあります。立退料は必要となりますが、時間的にはずっと早く新たな賃貸事業を始めることができるのです。どちらを選ぶかは、建物の耐用年数とオーナーさんの考え方次第と言えるでしょう。

建替えを前提として事業計画を立てる場合には、「立退料に相場はない」と言いながらも、やはり必要経費として何らかの予算を組む必要があります。その場合、多めの予算を考えて、現行賃料×10カ月分程度は見ておくべきです。各入居者との立退交渉は、まずは引越し代相当額の提示から始まります。10万円単位です。入居者が住んでいた期間や、年齢、家族構成、契約内容更に建物の築年数等によっても最初の提示額は変わってきます。結果は交渉次第で、同じ間取りで同じ賃料で同じ提示額から交渉を始めても、ゼロで済む入居者もいれば、何百万円とかかる入居者もいるのです。

バブル時のような異常に高額な立退料の事例は減ってきましたが、とはいえ予算を少なく見てしまうと、思ったより高くついた場合に事業計画の収支が狂い、慌てることになります。最初は多めに見ておくべきでしょう。立退交渉は大変な労力のかかる仕事です。交渉に必要な費用を安く上げようとすると、結果としてマンパワーが足りずに時間が多くかかってしまったり、有能な交渉人が参加してくれずに失敗することもあります。1カ月でも早く立退きに成功すれば、それだけ建築開始も早まり、収益も早く上がるようになります。早期解決を優先し、交渉に必要な費用はできるだけ惜しまないようにしましょう。

■チェックリスト11　立退交渉の教訓とチェックポイント

□立退交渉は適任者へ頼む
□感情的にならない（常に冷静に対処する「忍耐なくして成功はなし」）
□立退交渉の目的を明確に（建て替えか、売却か）
□立退料の予算は多めに見ておく（立退料に相場なし）
□権利調整上の問題は次世代には残さない（権利問題は次世代に悩みを残します）
□裁判（紛争）を恐れない（大家さんが勝った事例も多数あります）
□交渉相手をよく知ること（敵を知り、己を知れば百戦危うからず）
□交渉記録は必ず残しておくこと（訴訟時などに役立ちます）
□時間を惜しまないこと（しかし、時も金なり）
□精神的に落ち込まないように心がける（健康第一です）
□安易に考えない、ただし、怖がって問題を先延ばしもいけません

あとがき　だから、土地活用は面白い

【事例】賃貸経営の成功事例

お父さんの代から都内で店を構えている畳屋さんがいました。けれども最近は畳のニーズが少なくなって、注文もめっきり減ってきました。息子さんは大手企業に勤めており、家業を継ぐ様子はありません。娘さん夫婦が近くに住んでいますが、夫はやはりサラリーマン。通りに面した80坪ほどの自宅兼店舗・作業所で奥さんと暮らす畳屋さんは、「この仕事も自分の代でおしまいだな」と考えていました。

ある日、都の職員から「土地の収用についてご相談させてください」と打診があったのはそんなときです。畳屋さんの自宅兼店舗は、予定されていた道路拡張部分にかかっていたのです。

「先代から苦労して持ち続けてきた土地だ。1坪たりとも減らしたくない」と考えていた畳屋さん、最初はけんもほろろに追い返しましたが、辛抱強く何度も訪問してきた都の職員に説得され、ついに土地収用に協力し、同時に畳業をやめる決意をしたのでした。

収用されることになった部分は20坪。補償金額は4000万円にもなりました。税制上は最高５０００万円まで特別控除となるため、畳屋さんの手元には現金４０００万円と広くなった道路に面する60坪の土地が残りました。畳屋さんは当初、この機会に一戸建てに建替えようと考えていました。しかし娘夫婦にもうすぐ孫が生まれることを思い出し、「できれば同じ屋根の下で一緒に暮らしたい」と思うようになりました。やはり土地収用される隣家やご近所では、ビルへの建替えを検討しているところが多いという話も聞こえてきます。

「わが家だけが一戸建てで、周り中をビルに囲まれる環境でいいのか？」と悩んだ畳屋さんは、４０００万円を原資に、大きな家に建替えて娘夫婦と暮らすにはどうしたらよいか、私のところに相談に来られたのです。

マーケティング・リサーチの結果、比較的賑やかな周辺の状況、新たに拡張される道路といった条件を考え、１階を貸店舗、２階以上を住居とし、その一部を賃貸にあて、残りの部分にご本人と奥様、そして娘さんご夫婦が暮らす併用住宅を建築することをお勧めしました。このかたちであれば、賃貸事業成功が充分に望めると判断したのです。

畳屋さんも提案に賛同し、延べ床面積２５０坪の5階建てのビルが誕生しました。4階は娘さんご夫婦とお孫さんの自宅、5階は元畳屋さんで今はビルのオーナーさんご夫婦の自宅です。1階にはさっそく名の知られたカフェが入居しました。優良テナントです。2～3階は賃貸住宅とし、こちらも完成とほぼ同時に満室となりました。

建築費と解体などにかかった諸経費を含め、総事業費は約2億３０００万円。うち自己資金として土地収用の補償金から３０００万円をあて、１０００万円は貯金としました。借入れは2億円、これを30年ローンで返済していきます。金利を含め月々約80万円の返済です。それに対し家賃収入は、店舗と賃貸住宅を合わせて月１４０万円。維持費・諸経費月20万円とローン80万円を差し引いて、毎月手元に40万円の収入が残ることになりました。貸家建付地の評価減や、小規模宅地等の評価減なども利用できて、相続税対策にも有利です。

もしも畳屋さんが当初の考えの通り一戸建てを建てていた場合、どのような顛末が予想されたでしょうか。土地収用補償金のうち３０００万円を使い、６０００万円の二世帯住宅を建てたとして、残り３０００万円の融資を受けることが必要になります。やはり30年ローンとして、月約12万円の返済です。家賃収入はありませんから、返済にあてる資金は全て持ち出しとなっていたはずです。

しかし土地収用という機会をとらえて土地活用に踏み出されたことで、娘さんご夫婦、お孫さんとともに暮らす、５階建てビルのオーナーとしての豊かな老後が実現したのです。

賃貸経営の未来像……貴方は絶対に成功する

木から落ちるリンゴがニュートンの万有引力の法則に従うように、賃貸経営においても成功と失敗を分ける原理原則があります。ビジネスの成功には、事前の市場調査やプランニングが大切です。パートナー選びも重要です。それらは賃貸経営でもみな同じです。

賃貸事業の収支については、第三章第二節であげた、総事業費、収入、返済そしてランニングコストという3つのポイントプラスアルファを押さえること。「なんのために土地活用するのか」を意識し、土地活用がこれからの人生設計の中でどれほど大きな部分を占めてくるのかを十分に認識し、しっかりした事業計画を立てることです。

賃貸経営はまた、建物を建てるときには設計士や建築会社、賃貸経営を始めたら管理会社や税理士、銀行、リフォーム会社など、多くの人が関わる事業です。多くの人とのコミュニケーションが必要で、人をどう使うかが成功のカギでもあります。

現実には賃貸経営の世界はまだまだ未成熟で、ほとんどのオーナーさんはきちんとした事業計画も立てず、差別化の工夫もせずに、人から勧められるままにイージーな姿勢で経営に踏み込んでおります。その分、オーナーさんのちょっとした知恵や工夫、努力が実を結びやすくなっています。ポイントをしっかり押さえて経営すれば、確実に成功することができる業界でもあるのです。成功しているオーナーさんは、賃貸経営を心から楽しんでおられます。

先日、新築7年目のオーナーさんをお訪ねしました。小規模なマンションを経営し、自らもそこにお住まいの女性オーナーです。私が訪ねたとき、オーナーさんはエントランスで、管理会社の男性と一緒にフロアにしゃがみ込んでいました。何をしているのかと覗き込むと、2人して、黒くなったガムの跡をどうやってきれいにするかを話していたのです。「取れない。困ったわ」というオーナーさんに、「こうしたら」と、隣から手を貸し、アドバイスする管理会社さん。

私はマンションの美しさを保とうとする努力もさることながら、オーナーさんがパートナーである管理会社さんと日頃からしっかりコミュニケーションをとっていることにも、あらためて感嘆しました。日常清掃一つにも高い意識を持ったオーナーさんのおかげで、マンションは築7年の今も新築同様の真新しさを保っています。

エントランスホールでは地元のお花屋さんがしつらえた、赤や白、黄色や紫に彩られた華やかなフラワーアレンジメントが、訪れる人をいつでも迎えてくれます。訪れた私に向かってオーナーさんは、「お客様がいらっしゃるから、ちょっと待っていて」とおっしゃって、私はしばらく待ったのですが、そのお客様というのは入居者のことでした。

日頃から入居者に対して、「お客様」という感覚で接していて、それが自然に言葉の端々に出てくるのですね。オーナーさんはエントランスを出入りする入居者の方たちに、「あら、こんにちは」と笑顔で挨拶されていました。ご自分の建物に誇りを持ち、日頃から様々に気配りしていて、入居者の方たちからも感謝されていることがよく分かりました。

賃貸経営は大工さんから税理士までたくさんの人の仕事を生み、多くの雇用をもたらす、社会貢献度の高い事業です。それと同時に「住まい」という、人間にとって不可欠なインフラを提供する、世の中に必要とされる仕事でもあります。オーナーさんが用意した住まいの中で多くの人たちが生活し、子供たちが育っていきます。そこにはいろいろなドラマが生まれます。

賃貸経営とはすばらしい事業であり、それを自分の人生の大切な一部ととらえて、楽しみながら経営している人もいれば、うまくいかなくて苦しんでいる人もいます。全てはオーナーさんの生き方次第なのです。こちらの女性オーナーさんは、年に一度、ご主人と長期の海外旅行を楽しんでいます。

経営がうまくいかなければ尽きない心労の種ともなってしまう賃貸経営ですが、このオーナーさんのように日頃から十分なケアができていれば、ご本人が長期の旅行をしても、その間にしっかり稼いでくれるのが賃貸経営なのです。信頼できる専門家とともにきちんと計画を立て、経営に心を配れば、土地活用は老後にも安心な私的年金となって、オーナーさんが豊かな人生を送ることを可能にしてくれるのです。

■チェックリスト12　成功大家さんから学ぶ10の成功の鍵

1．土地活用の失敗の多くは、事前の準備、勉強を怠ったことから来ています。建物が完成したときにはうれしいのですが、完成した瞬間から経営という名の戦いが始まります。返済が完了するまで、長期にわたって賃貸経営を成功し続けていくのは、簡単なことではありません。建物を建ててしまってから空室が出てあわてることを防ぐには、実際に建てる前にオーナーさん自らが土地活用について勉強し、失敗しないようしっかり準備しておくしかありません。成功への第一歩は、事前の準備です。

2．計画を立てる際に、総事業費は多めに見込むこと。設計料、測量費、地質調査費用、近隣対策費、公租公課、登記費用、保険料など建築費の1・2倍が目安です。予期せぬ費用が発生することもありますので、後で慌てないように、余裕を持って予備費を計上している大家さんの事業は成功に近付きます。

3．賃料収入は、周辺相場と比較して適正な賃料査定額での収支計画になっているかどうかの見極めが重要です。空室率についてもリスクヘッジのために確認しておきましょう。安全な賃料を控えめに見ておいたほうが健全経営につながります。

4．借入金利は、建築費よりも重要なポイントになります。わずか1％の金利差でも、何十年もの返済計画の場合、その差が何千万円かになる場合もあります。経済情勢や金融情勢で金利は変動します。安定経営を目指すのであれば、将来の金利上昇の可能性も考え、固定金利を選択するなどの自己防衛策も検討すべきでしょう。

5．ランニングコストは多めに考える必要があります。不動産を保有・運用していると、固定資産税・都市計画税、不動産管理会社への管理費、建物の維持管理費用など、予想外に経費がかかることもあります。ランニングコストを見落とさないことが重要です。

6．健全な賃貸経営には「管理」が最も重要なポイントとなります。「管理」には、集金や入居者の斡旋・契約、日常のクレーム対応などを中心とするソフト的な入居者の管理と、清掃や各種設備の点検・メンテナンスを中心としたハード的な管理の、2つのジャンルがあります。自主管理という選択肢もありますが、報告・連絡・相談・提案がスムーズで明るく元気で誠実な管理会社をパートナーとして選び、上手にコミュニケーションをとりましょう。

7．クレームを「天の声」と考える多くの大家さんの賃貸経営は成功されています。賃貸経営は生活の場を提供する商売ですので、日常的に入居者からのクレームや要望が発生します。これからの賃貸経営は競争の時代ですので、より質の高い管理・クレーム対応が求められます。管理に満足されている入居者は、引越しの動機が一つ減るので定着率の高さにつながり、満室経営を目指す第一歩になります。

8．究極の「空室対策」は、退去者を減らし長く入居していただき、空室をつくらないことです。入居者目線に立って、シャワーの取っ手や蛇口にサビが出ていたら、すぐに新しいピカピカのものに取り替えたり、普段からの清掃・美化は当たり前のことです。先手を打った修繕計画も必要です。知恵と工夫で入居者満足度を高めて、成功している大家さんは多くいらっしゃいます。

9．以前のように、建てれば満室という時代は終わり、少子高齢化が進む中で入居者ニーズに応えられている建物と、そうでない建物との二極分化は著しくなっています。大家さんが変えられない要因もありますが、大家さんが変えられる要因も、たくさんあります。賃貸経営を「不労所得」と考えて何もしなくて良い時代は終わりました。賃貸経営をサービス業と考えられる大家さんは成功しています。

10．土地活用は社会にとって必要とされる素晴らしい事業です。土地活用は人生の縮図です。貴方がどのような作品を次世代に残していくのか？　貴方が生きてきた証がそこにあります。そして、残すものは建物ではありません。貴方の経営哲学を残すのです。

〔著者紹介〕

谷崎憲一（たにざき　けんいち）

大学卒業後、デベロッパー、ゼネコンにて土地活用コンサルティングに従事、多彩な活用事例に取り組む。その後、コンサルティング会社役員を歴任し、更に、地主さん家主さんの抱える様々な問題解決機関として資産活用コンサルティング会社を設立、経営している。

また、自らもアパート・マンションなどの大家業を営む傍ら、土地活用、相続対策、空室・滞納、賃貸経営全般の幅広い相談への対応経験を生かし、公的機関・ＪＡ・金融機関・大手ハウスメーカーなどでセミナー講師、インターネットサイト All About の執筆ガイドなどを務めている。

その間、東京都内唯一の家主さん・地主さんの公益団体である公益社団法人 東京共同住宅協会の相談員として、賃貸住宅経営者に対する公的な支援活動を長期で続けている。2007（平成 19）年 10 月に同協会の第９代会長、2020（令和２）年５月から名誉会長に就任している。その他、首都圏直下型地震に備えた東京都耐震化推進都民会議委員、障害者グループホームの供給を考える福祉住宅研究会主宰、公益社団法人全国賃貸住宅経営者協会連合会専務理事、ＮＰＯ法人 賃貸経営 110 番 顧問などの公的活動にも従事。

不動産実務シリーズ⑧

土地活用の教科書　谷崎憲一の その土地活用ちょっと待った！　改訂版

2011 年　1 月 28 日　初版第 1 刷発行
2020 年 12 月 15 日　改訂版第 1 刷発行

定　価　2,200 円（本体価格 2,000 円＋税）
著　者　谷崎憲一　
発行者　宮沢　隆
発行所　株式会社にじゅういち出版
〒101-0032　東京都千代田区岩本町 1-8-15 岩本町喜多ビル 6 階
TEL 03（5687）3460　FAX 03（5687）3470
https://www.21-pub.co.jp

印刷／株式会社日本制作センター
ISBN978-4-904842-33-1　C2034
乱丁本・落丁本は当社にてお取替えいたします。
2020　Printed in Japan